微商
品牌修炼及品牌价值塑造手册

郭　鹏◎著

人 民 邮 电 出 版 社
北 京

图书在版编目（CIP）数据

微商品牌修炼及品牌价值塑造手册 / 郭鹏著. -- 北京 : 人民邮电出版社, 2017.7（2017.11重印）
ISBN 978-7-115-46168-1

Ⅰ. ①微… Ⅱ. ①郭… Ⅲ. ①网络营销－品牌营销－手册 Ⅳ. ①F713.365.2-62

中国版本图书馆CIP数据核字(2017)第148844号

内 容 简 介

本书从微商品牌形象设计、微商品牌故事、微商活动举办与参与、微商品牌营销策略、微商创始人包装、微商内训、微商社群构建等层面，详细阐释了微商品牌打造的各个方面，以图文并茂的形式、落地实操的方法，帮助微商从业者和创业者走上品牌化发展之路。本书适合各类企业营销经理、网络推广经理、企业营销总监、网站运营总监、各类电商运营经理、从事传统企业，近期想开展电商业务的大中小企业 CEO 及高管、小型创业者，以及对移动互联网感兴趣的读者阅读与学习。

◆ 著　　　　郭　鹏
责任编辑　冯　欣
责任印制　彭志环

◆ 人民邮电出版社出版发行　　北京市丰台区成寿寺路 11 号
邮编　100164　　电子邮件　315@ptpress.com.cn
网址　http://www.ptpress.com.cn
北京京华虎彩印刷有限公司印刷

◆ 开本：700×1000　1/16
印张：13　　　　2017 年 7 月第 1 版
字数：178 千字　　　　2017 年11月北京第 2 次印刷

定价：49.80 元

读者服务热线：(010)81055488　印装质量热线：(010)81055316
反盗版热线：(010)81055315
广告经营许可证：京东工商广登字 20170147 号

推荐序

微商靠什么挣钱？优质的产品，还是贴心的服务？这些都不可或缺，但最重要的却是品牌！

品牌，堪称企业的“摇钱树”。在日常消费中，为何同样是运动鞋，耐克比安踏高出几百元？为何同样是手机，苹果比小米高出数千元？其中的差价真的只在于质量和服务？答案当然是否定的，正是因为品牌效应，这些产品才能在卖出更高价格的同时，吸引更多的消费者。

品牌以质量和服务为基础，而在品牌形成之后，品牌就能够成为产品的辨识器，将你的产品与其他产品区别开来；成为卖家的代言人，向市场展现你的文化与价值观；成为企业的“摇钱树”，为你带来产品、服务之外的超额利润。

品牌的价值并非只作用于传统实体行业，事实上，在竞争激烈的微商市场，如何让自己从众多竞争者中脱颖而出？如何摆脱“价格战”的束缚获得更大盈利空间？这些问题的答案都在于品牌。对于微商而言，如果无法形成品牌，那就只能永远停留在卖货阶段，纵使卖出再多的产品，也无济于事。

那么，微商究竟要如何打造出自己的品牌呢？

这无疑需要一套完整的方案，相比于重资产模式的实体企业，微商虽然缺乏资源，但却能够更快地向更多人传达自己的价值观，通过获得消费者认可，逐步打造属于自己的品牌。

一般而言，打造微商品牌的基础仍然在于优质的产品和服务，而除此之外，微商也要学会卖情怀、讲故事，在不惜成本砸广告时，也不要忽视视觉设计、包装设计等细节。

微商如果缺乏对品牌打造的重视，如果缺乏足够的经验和技巧，就只能沦为一个“卖货郎”，做“产品的搬运工”，付出最多的汗水与努力，却只能收获最少的利润。只有通过塑造自己的品牌，微商才能掌握产业链中的话语权，让上游厂商为自己而服务，让下游代理支撑你的梦想，让你紧抓终端消费者的眼球！

然而，打造微商品牌并非说说而已，当我们沉淀下来，究竟应该如何一步步达成目标？只有不断学习实践而已！

郭鹏老师是我的好朋友，他进入品牌行业已经超过十五年，是微商行业品牌打造的顶尖人物。在多年的实践中，郭鹏老师看过太多微商的成功与失败，感受过太多微商的喜悦与悲痛。正是因此，郭鹏老师创立了赛微利通公司，专注于为微商行业提供品牌咨询服务，这也是行业内最专业的品牌打造公司。

《微商品牌修炼及品牌价值塑造手册》正是郭鹏老师多年实践的经验总结，这本书中包含郭鹏老师的所有品牌打造智慧，我衷心地将这本书推荐给大家。相信大家能够在研读这本书的过程中，对微商有全新的理解，并由此找到自我品牌的发展之路，并将自己的品牌做到行业最佳。

中国电子商会微商专业委员会培训中心主任

郑清元

自序：微商无品牌只能等死

提到微商，很多人就会想到面膜、服装、茶叶、母婴用品、水果……曾几何时，几乎所有人的朋友圈都被各种微商信息刷屏。很多人发出了这样的抱怨：现在我都不敢打开朋友圈了！

与微商刷屏同期出现的，则是微商的信任危机：产品无品牌、无售后、无实体展示……这一方面是因为微商行业的自身混乱造成的；另一方面，则是很多微商人造成的。不进货、不使用、不了解……仅仅只靠几张图片便开始了所谓的“创业之旅”。行业模式不规范 + 从业人员不专业，直接导致出现了一个严重的问题：微商无品牌。

这一切，都是微商 1.0 时代的显著问题。

但是，进入 2016 年之后，我们渐渐发现：做微商的朋友逐渐减少，朋友圈似乎清净了许多。取而代之的，则是规模化微商的运作：不再只有几张图片、几段文字，而是呈现出了更为专业的运作：微信公号的精准运营、产品测评的完整报告、丰富多彩的微商活动、互联网随处可见的产品讨论……

一切变化，都显示着新微商时代，微商发展呈现出了规范化运作的趋势。

经历了微商 1.0 时代的混乱之后，微商 2.0 时代大幕正式拉开。大资本的进入，让微商摒弃了“无品牌发展”的死胡同，新的微商从业者正在重新聚合，渴望借助更规范、更专业的态度，在这个新型的商业模式下重新创造财富奇迹！

当然，微商始终属于新兴产业。它所兴起的基础，是移动互联网，是社交化媒体，是社群文化，是网红经济，是粉丝经济。所以，传统商业的很多模式与经验，并不能直接套用在微商领域上。微商，依旧处于摸索和规范的阶段。

所以，回头再看微商 1.0 时代的混乱会发现，这是一个商业模式从粗放走向成熟的必经之路。而到了今天，微商发展的核心已经越来越凸显两个字：品牌。

品牌这个词，每个人都不陌生：苹果是品牌，耐克是品牌，优衣库是品牌，小米是品牌。这些知名品牌，就是品质的保障、口碑的象征。甚至当我们购物时，品牌成为决定因素：只要品牌过硬，那么即便不去测试，也可以放心拿回家中！

微商 1.0 时代的多数产品，正是因为没有品牌价值，所以问题频出，被用户贴上了“假冒伪劣”的标签。但在微商 2.0 时代，所有微商都开始关注品牌的价值，都在摸索品牌的发展之路。也许，你也是其中的一个！

但是，微商的品牌与我们传统认知的品牌又有所不同。微商品牌，并不仅仅指的是产品质量，它所囊括的还有更多环节。

能否提供让人眼前一亮的设计，拿在手中就能感受到品牌的视觉美感？

能否有如耐克、苹果一样的品牌故事，可以让用户感受到产品背后的文化积淀？

能否举办各种真实有效的活动，将消费者的诉求放在第一位？

能否玩转社交平台，给客户带来真正符合时代潮流的发展模式？

能否打造社群文化，让产品真正成为我们的礼物，而不是口诛笔伐的对象？

……

还有更多的细节，直接关系着微商品牌的建立。倘若不能掌握这些思维和技巧，那么我们的微商产品，必然会与微商 1.0 时代的众多产品一样，被客户遗忘，被市场抛弃。

也许，很多人对这些问题简直无从下手，因为很难从传统的商业模式中找到相对应的经验。正因如此，这本书才会摆在你们面前。在这本书中，我将对微商品牌的各个细节进行系统化的整理和罗列，通过一个个清晰的知识点，帮助你找到微商品牌发展的命门所在；同时，大量微商案例、微商实操技巧的独家放送，也可以让你迅速找到微商经营的诀窍，帮助你迅速建立微商品牌，提升微商价值！

微商 2.0 时代，品牌成为运营的核心。有了品牌，才有口碑；有了品牌，才有体系化运作；有了品牌，才有粉丝。请记住这句话：微商无品牌，只能等死！

郭鹏于上海

2017 年 3 月

目录

Part 1

微商 or 品牌微商，你为什么需要品牌

1.1　没有品牌，你的产品是一盘散沙

微商伴随着移动互联网的出现而兴起，是全新的商业模式与潮流。一部小小的手机，就可以创造巨大的商业价值，所以几乎每个人的微博、朋友圈都会有多个好友加入微商的阵营。尤其在微商最为火热的 2014—2015 年，“微商刷屏”几乎是所有人的共同经历。

然而到了 2016 年之后，我们却突然发现：朋友圈好像冷清了不少，曾经的那些微商达人，似乎一下子销声匿迹了。当我们问起他们遇到了什么问题突然选择放弃时，听到最多的答案就是：

“哎，我代理的这些品牌，有几个人知道啊？废了半天劲儿，也没多少人咨询，何苦还要打拼？”

因为没有形成品牌，渐渐地，曾经一腔热血的微商达人们选择了偃旗息鼓。

为什么品牌会如此重要，甚至直接关系到了一项事业的发展？

这个道理很简单，看完以下几个简单的例子，我们就会恍然大悟。

当我们想要购买一双球鞋时，来到某家大型商场。在我们的左手边是一家耐克专卖店，右手边是一家不知名的运动超市。毫无疑问，我们会走进耐克。

当我们逛街时，突然感到饥肠辘辘，这时看见面前有一个山寨的快餐店。当我们刚想走进时，赫然发现远处就是一家麦当劳。因此，我们毫不犹豫地转身而出，向麦当劳走去。

……

这样的场景，几乎每一天都会上演。逛淘宝、选午餐、和朋友聚会……品牌，决定了我们的选择。

微商，同样如此。全民微商的时代正在改变，品牌微商，是微商发展的新趋势。

1.1.1 没有品牌概念，微商寸步难行

“品牌”这个词，我们都不陌生。什么才是品牌？一个标识？一条广告？一个定位？一个特定的形象？这些当然都是品牌要素，但都不能完整地支撑品牌。尤其是在移动互联网时代，碎片化让品牌包含的元素更为丰富：故事、团队、营销等诸多内容构成了品牌的整体，如图 1-1 所示。

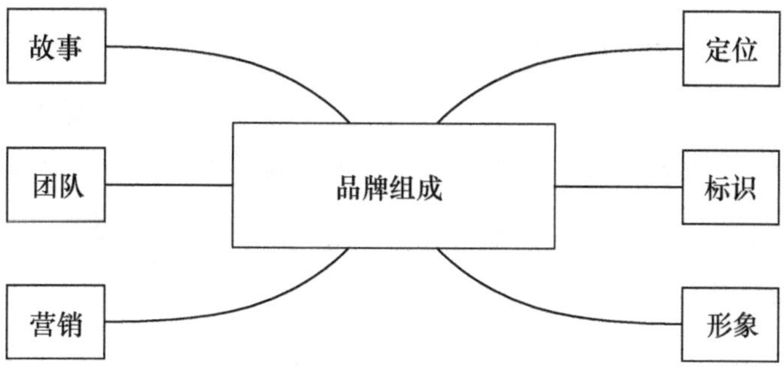

图 1-1　品牌组成元素

即便微商也不例外：**微商创始人有怎样的故事？微商产品有怎样的设计特点？我们能借助各种社交媒体进行怎样的情感营销？**缺少了这些内容，微商品牌就是残缺的。

新时期的微商，早已脱离了传统单打独斗、仅卖产品的模式。单靠几张宣传图，在朋友圈无限制刷屏的方法早已 OUT！在微商领域，这句话已经越来越成为共识：**没有品牌，产品就是一盘散沙！**

即使你的产品品质本身非常过硬，但品牌意识太差也会导致微商的探索寸步难行。

小郑和几位大学同学是典型的技术宅，他们有很强的动手能力，并在大四时开发出了一款很有意思的智能机器人，这个机器人主要用于清理桌面垃圾，是很有意思的创意产品。产品研发出来后，一位同学说："咱们何不开始做微商呢？我相信一定会有很多人愿意买的！"几个年轻人说干就干，和一家小型加工厂达成协议，进行批量生产。

看起来，小郑他们的微商之路一定非常顺畅，毕竟产品特别，价格又不高。但是过了 3 个月，他们的销量却只能用"惨淡"来形容。原来，这几个大学生虽然技术非常厉害，但脑海里完全没有"品牌"的概念，既不知道该如何注册商标，也不知道怎么去包装销售，只是在朋友圈说自已有一款有趣的产品研发成功，甚至连一个有趣的视频说明都没有。卖出的寥寥几个产品，还是他们的女朋友们帮忙的。

几个月后，一家礼品公司发现了他们的产品，快速进行复制。凭借着精准的营销模式，很快产品成为爆款，而小郑和他的同学们却只好离开了微商。尽管他们经常和别人说，这个创意是自已想到的，并且也做出了产品，但是很少有人相信他们的话。

没有品牌，一切都成了妄想！没有品牌，小郑团队的产品虽然非常优秀，却始终敲不开市场的门。试想，如果他们可以及时注册品牌，再对产品进行精准的外包装设计，倘若还有几名懂得移动互联网营销的朋友，那么又怎会最终被其他公司抢占了先机？

很多微商之所以最终无力为继，就是因为没能形成品牌化发展，产品既无竞争力又无影响力。也许在多年前微商刚刚出现时，凭借着价格战，他们能取得很好的业绩；但当消费者的消费理念趋于正常，他们更关注这个产品的品质、口碑、互联网热度，以此再决定是否购买。而这一切，都是品牌的组成元素。没有品牌作支撑，产品怎么形成可信度？

这就前文提到的山寨快餐与麦当劳的对比：那家山寨快餐店也许食材、烹饪手法都不错，但是因为一个山寨的名字，导致了其毫无品牌价值可言。人们看到的第一印象就是抄袭、复制。所以，无论它如何努力，也不可能成为下一个麦当劳！

1.1.2 品牌，微商产品的保护神

传统营销有这样一种观点：有了产品，就有了受众群；有了受众群，就有了新的卖点。

可以看到，在传统商业时代，很多企业的发展仅凭某一款产品建立了自身品牌，从而站稳脚跟。但在移动互联网时代，这种模式显然已经落伍。当我们将产品放在消费者面前，而消费者却对品牌一无所知时，其购买欲望是非常低的。

原因很简单：商业时代发展到今天，各个领域的知名品牌已经不在少数，凭什么让消费者立刻对你的品牌产生好感，产生依赖心理？

在微商 2.0 时代，即微商品牌发展时代，必须打造一个让人过目不忘的品牌，这其中包括了品牌形象、品牌文化。不断传播品牌，消费者才能关注产品；通过这款产品，消费者进一步关注品牌，并选择旗下的更多产品。如

此才能形成一个类似“**吸引关注→单品热销→粉丝形成→品牌关注→多点热销→品牌提升**”的良性循环，如图 1-2 所示。

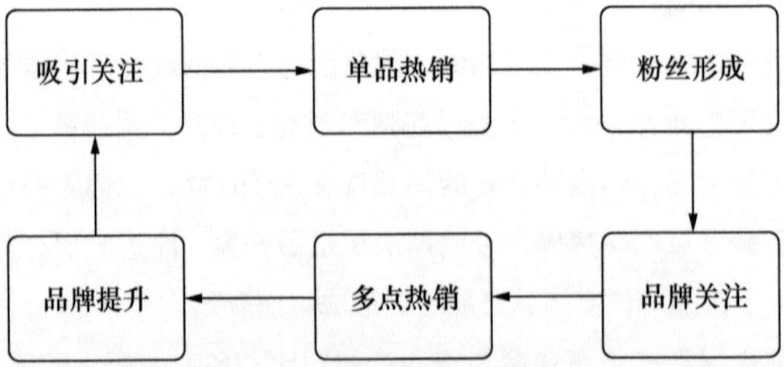

图 1-2　品牌化形成的良性循环

这个思路恰恰就是小米成功的模式：首先，要让品牌被人们知道，所以小米打出了“为发烧而生”的口号。即便不了解小米产品的用户也会产生好奇：什么叫作为发烧而生？

其次，让产品进入用户的视线。这时候，小米将包装、产品做到了极致，真正满足了需求群体的痛点，第一批粉丝正式形成；伴随着品牌价值的不断传播与提升，小米开始推出更多产品，升级系列手机、推出周边产品，再到如今囊括了多种智能家居产品，如今的小米，品牌价值早已超过了很多传统企业。

这样的例子，其实还有很多：

一说到文艺，我们就会联想到豆瓣；

一说到时尚，我们就会联想到香奈儿；

一说到情怀，我们就会联想到锤子手机。

从这个角度上来说，品牌就是产品的保护神。微商也是如此，即便我们做的是最大众化的面膜，但是如果可以形成品牌化发展战略，当我们的品牌 LOGO 出现在消费者面前时，他们就会立刻联想到产品，那么无论微商领域有多少竞争团队，我们也能立于不败之地。

黛来美、俏十岁等品牌就是微商行业中明星品牌，它们诞生于微商时代，爆发于微商时代，更扎根于微商时代。

起步期时，它们并非单纯依靠大资本，而是凭借着精准的品牌化运作，成为微商领域的明星，每年创造的利润达到数亿元。所以，想要在微商 2.0 时代实现财富梦想，就必须开始品牌修炼，塑造品牌的高价值！

1.2　品牌形象决定产品的竞争力

“品牌形象”这个词，几乎每个人都听说过。那么，到底什么是品牌形象？用最通俗的语言来解释，品牌形象可以等同于“产品竞争力”。产品竞争力强的品牌，推出的产品在同类市场中影响力大、占有率高、附加值高、生命周期长；反之，则影响力小、占有率低、附加值低，生命周期短。形象极佳的品牌，产品也会卖得好、卖得快、卖得贵、溢价高。

“品牌形象决定产品竞争力”，这句话无论在哪个时代都不过时。正如耐克，在运动领域，全世界共有数万个品牌，但是耐克始终站在金字塔的最顶端，即便其他品牌的产品品质与耐克不相上下，但无论销量、口碑、市场热度等，都无法与耐克匹敌，这就是品牌形象带来的价值。

微商领域也是如此，一款产品能否瞬间点燃朋友圈热度，与品牌形象有着直接关系。

周女士和邓小姐两个人是好友，决定进军微商皂角领域。但经过前期的沟通后，两个人决定分开做，因为周女士的想法是尽可能通过大品牌的产品，如古皂工坊等打开市场。这种品牌虽然价格偏高，但无论从口碑到营销思路都非常成熟；而邓小姐却不这么认为，她觉得做微商成本是第一，自己又有朋友在经营皂角生意，可以以很便宜的价格购入。虽然品牌知名度有限，但可以大大降低前期投资压力，何乐而不为？

两个人的生意很快顺利上线，几个月后，周女士凭借着品牌的影响力，还有自己的精准经营，收益已经可以稳定在每个月5000元左右；但邓小姐还在艰苦的市场打拼之中。因为知名度有限，所以她的产品始终卖不上价钱，尽管发起过的活动取得了还算不错的成绩，但是这都是建立在低价销售基础上的，所以费了很多力气，却和收入不成正比。这个时候，她才后悔没有听周女士的意见，走上了一条曲折之路。

为什么微商领域会如此注重品牌形象所带来的产品竞争力？原因如图1-3所示。

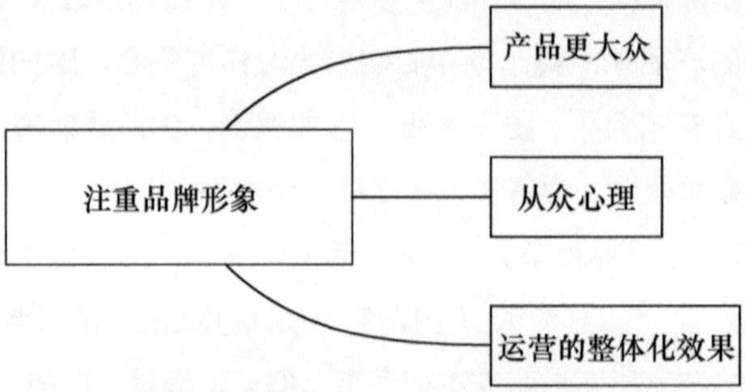

图 1-3 微商产品更注重品牌形象的原因

1. 产品更大众

几乎所有的微商产品，定位都是“大众”，无论3C产品、化妆品、生活用品。微商的特点，就在于能够形成大众消费，客户可以通过微博、微信等工具迅速购买最需要的产品。换而言之，如专业摄像机、汽车等大宗专业领域产品，很少有人会选择在微商领域进行销售。对于大众化生活产品，客户最关注的就是这款产品是否有名气、是否取得了一定的市场成绩，这和我们走进超市选购商品的心态是完全一致的。

2. 从众心理

从众心理每个人都有。口碑越高，就有越多人关注，越多人购买；反之，当客户对这个品牌完全陌生，就会犹豫。无论实体消费还是虚拟购物，从众现象都非常明显。

3. 运营的整体化效果

形成品牌化效果，意味着产品有了自己的形象，会给消费市场带来不一样的印象，正如耐克运动鞋，客户看到标志就会想到专业、高端。所以，当产品形成了自己的品牌化形象，运营团队就会特别注意对它的形象进行保护，从设计到宣传文案、画面，都会尽可能精准、得体，而不是让产品毫无限制地被使用。只有维护品牌形象，才能进一步提升产品的竞争力。

1.2.1　品牌形象，不单单只是“形象”

“形象”这个词，通常会令我们产生具体的联想——如苹果手机的形象就是工艺精美、屏幕狭长；麦当劳的形象则是黄色。视觉化的独特形象构成了我们对于产品的第一印象。

毫不夸张地说，产品形象决定了产品能否第一时间打动用户，一个在设计上充满各种缺陷、毫无美感的产品，即便再具有内涵也没有市场号召力。这就是为什么，即使如罗永浩这样以情怀制胜的企业家在推介新品时，同样将“产品外形”作为了推广重点。

正是因为视觉形象对产品的重要性，所以无论独家代理还是自有创建产品的微商团队，都非常重视产品的外在视觉形象，视觉形象包括外形、包装、手感等，如图 1-4 所示。只有让人眼前一亮的产品形象，才能俘获用户的心！

打造属于国人的产品形象，这当然是微商领域发展的大势所趋，但是，**产品形象≠品牌形象**。

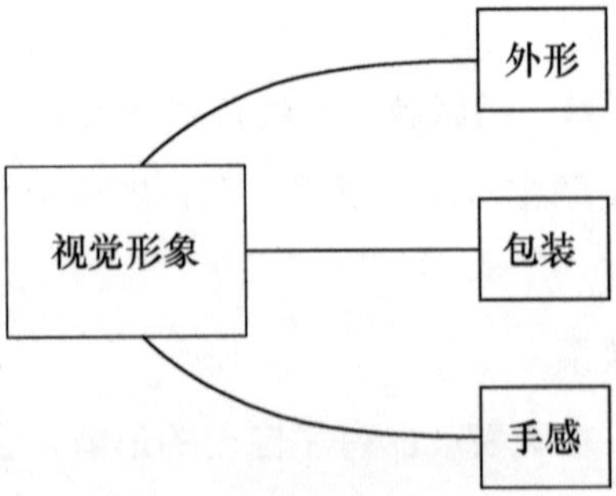

图 1-4 要重视视觉形象

品牌的概念是什么？是外形，是内涵，是服务，是价值观。提升产品形象当然没有错，但是倘若只注意外形却忽视内涵，同样不能取得很好的市场效果。

某新晋护肤品牌主打微商模式，产品非常出色，设计也很吸引人，产品的销售很快便进入井喷之势。而为了满足市场，团队成员也加班加点，不断开发出系列产品，每一款几乎都受到了市场的欢迎。

在经历了近半年的辉煌后，突然有一天一名客户在微博上投诉，一款产品使用后出现过敏，她多次联系品牌，但始终没有得到积极的回复，品牌方总是各种敷衍。这次微博曝光，很快被不断放大，又有不少用户表示反馈的问题没有得到完美解决，投诉甚至形成了热门话题。

这件事给品牌带来了巨大的冲击，不少老用户都表示担心，选择不再购买。这个时候品牌方才意识到问题所在，急忙进行道歉、补偿，但是依旧无法平息众怒。结果这个原本已经进入融资谈判阶段的品牌，受到资本市场的抛弃，渐渐沦为了三线品牌。

这个案例表明，服务同样是品牌形象的重要组成部分。没有优质的服务，结果使原本属于自己的客户流失了，也导致品牌形象受损。因此，我们必须建立这样的思维：提升产品竞争力，不仅包括产品外形，更包括品牌每一个环节。

1.2.2 形象，不只是知名度

品牌形象究竟是什么?

很多人都认为，品牌形象就是知名度。就像说到运动鞋，我们会想到阿迪达斯、耐克；说到汉堡，会想到汉堡王、肯德基、麦当劳；说到文艺生活，就会想到豆瓣。

这些品牌，无一例外都是高知名度的代表。从某种程度上来说，知名度的确可以反映品牌的形象。因此，有人就会产生这样的想法：提升品牌形象，唯一的途径就是提升知名度；而提升知名度的方法，就是增加营销手段，尽可能用广告轰炸的模式将产品推介给每一个客户，这样一来，产品的竞争力就会大大提升。

广告，是品牌推介的重要手段，更是提升竞争力的不二法则。但是，品牌形象的高低与否，并不单纯受广告的影响。品牌所呈现的核心竞争力，应当具有以下这几个范畴：资源优势、技术优势、人才优势、管理优势和营销优势，如图 1-5 所示。

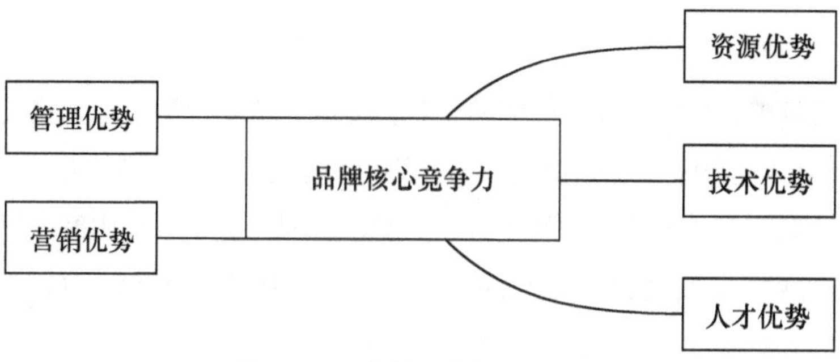

图 1-5　品牌核心竞争力的范畴

可以看到，以广告为主的营销优势，仅仅是产品竞争力的一个维度。缺少了另外 4 个维度，品牌形象必然欠佳，产品的竞争力也会大大降低。

资源优势指的就是上下游关系。是否拥有性价比最高的供应商、是否能够拿到一手资源，这直接决定了产品的品质和售价。

技术优势决定了我们所研发的产品是否具有超前性、独立性，不至于轻易被抄袭、复制。没有过硬的研发技术，即便拥有资源优势，所推出的产品也毫无吸引力。

管理优势，不仅包括内部团队的管理，还包括了对代理商的管理。能否制定合理的激励模式，能否不断刺激代理商的热情和动力，直接关系着产品能否快速打开市场，赢得好口碑。

人才优势，涵盖了微商发展中的各个环节。无论资源、技术、管理、营销，都必须拥有一支头脑灵活、经验丰富的团队，这样才能真正完成设定的目标和计划，不至于使所有规划都成为空中楼阁，无法落地。

只有当这 4 个维度与营销优势紧密结合时，产品才能创造知名度，品牌才能奠定高大上的形象！做好了这 5 个维度，才能建立真正成熟的微商团队和品牌，才能在激烈的竞争中站稳脚跟，长盛不衰！

1.3　专业，专业，还是专业

谈及品牌，我们会立刻想到两个字：专业。正如说到品牌，我们会想起联想、苹果、优衣库、小米，耐克，仿佛只有这样的品牌，才能称之为“品牌”。我们不会对手工小作坊的产品冠以“品牌”称号，更不会称山寨产品为“品牌”。专业的产品形成让人信服的品牌，从而创造出品牌文化，并被消费者接受和认同。

品牌这两个字，代表着厚重，代表着气质，代表着实力。倘若专业度不够，品牌无异于空中楼阁！

对微商来说，需要从哪几个角度体现专业？

1.3.1 专业产品

无论怎样高大上的品牌，始终需要用产品来说话。能够称得上“品牌”的产品，应该满足 3 个标准，如图 1-6 所示。

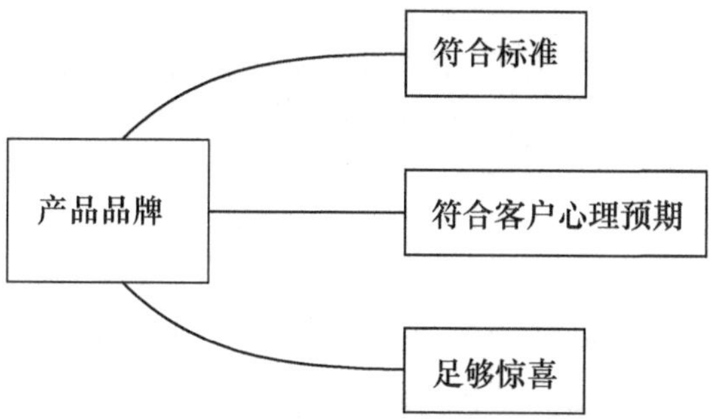

图 1-6 产品具有品牌价值的标准

1. 符合标准

绝大多数产品，国家都有相应的质量标准和要求。产品至少应当满足国家的相应标准，这是需要达到的最低标准线。倘若连这个最底线都不能实现，即便曾经有过辉煌品牌的价值也等于零。

2001 年中秋节前夕，中央电视台《新闻 30 分》节目播出了这样的画面：卖不出去的月饼被拉回厂里，刮皮去馅、搅拌、炒制、入库冷藏，来年重新出库解冻搅拌，再送上月饼生产线……

而这家企业的名字被曝光后，所有人大吃一惊，那就是赫赫有名的老字号企业——南京冠生园食品有限公司。百年品牌竟然爆出严重的产品质量问题，企业形象一下子彻底崩塌。2002 年春节刚过，南京冠生园食品有限公司正式向南京市中级人民法院申请破产。

合乎标准是产品的基础原则。

2. 符合客户心理预期

每个客户都有各自的产品需求，我们很难满足每一位客户的心理预期，但至少需要做到满足大部分用户的心理预期。就像一款手机，当多数客户在网站留言希望能够看到主题优化功能，但新品推出后丝毫没有应用相关功能，客户会就对产品失望，甚至因此而选择放弃该品牌。

符合客户心理预期的意义，在于击中客户痛点，满足他们的构想。只有做到这一点，这款产品才能称之为“合格”。

3. 足够惊喜

真正优秀的产品，始终会给客户带来足够的惊喜。如苹果手机，每次临近新机发布之时，广大网友就会发起讨论：将会出现哪些全新功能？是否有颠覆性的理念出现？正是因为苹果将“制造惊喜”贯穿于新品研发的过程之中，所以它的品牌才会关注度高，受消费者欢迎。

在微商领域，很多产品的功能、内核，甚至外形都十分雷同，客户无论购买哪个品牌，都难以留下深刻的印象。这个时候，我们又如何奢望品牌价值？唯有让客户感到惊喜，这款产品才能夺人眼球。

1.3.2 专业服务

曾几何时，微商最为诟病的就是服务。很多人经营微商，仅仅只是复制图片、朋友圈粘贴，甚至连实体产品都没有见过。结果真的出了问题，客户前来咨询，他们却支支吾吾地答不上来；联系厂家，厂家又把责任推给了代理商，所有人都在踢皮球，导致客户大失所望，从此远离微商。

品牌含金量的重要体现就是服务，专业服务必须具备的要素如图 1-7 所示。没有任何一个品牌，敢于在没有任何服务体系的情况下就进行产品销售。因此，建立完善的微商客服体系成为所有微商品牌亟须解决的问题。

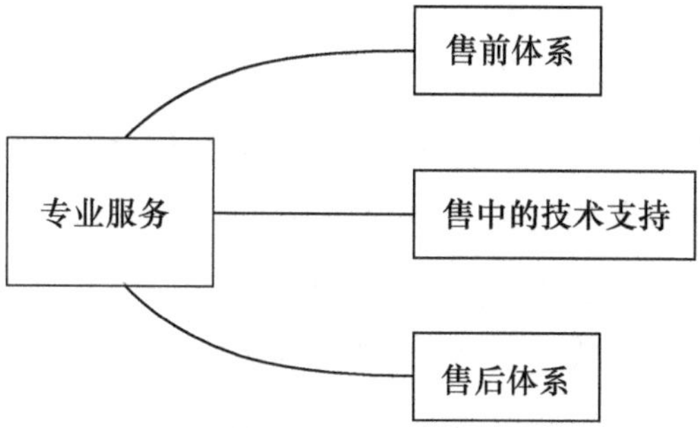

图 1-7　专业服务必须具备的要素

1. 售前体系

微商品牌多数由代理商负责，这一点本身无可厚非。但是，为了提升品质，品牌方必须对代理商进行培训，开展线下培训或线上培训，只有经过了考核，才能发放代理认证书，否则取消代理资格。

2. 售中的技术支持

对于较为复杂、需要操作的产品，如手机、其他智能产品等，品牌应当建立技术支持热线，或是通过电话、微信公众号，回答用户咨询问题，以便及时处理。

3. 售后体系

可以借助微博、微信公众号等手段建立售后体系，及时解决用户的诉求。这就要求售后工作人员必须养成随时关注账号的习惯，及时发现客户的问题并做出解答。如果自己没有能力快速解决，就应当在向客户进行解释后迅速上报相关小组，并及时答复客户。

服务关系着品牌的口碑。只有做好了服务，客户才能感受到品牌真的为客户着想，即便遇到问题也会以体谅的心态面对品牌。否则迎接品牌的，只能是网友的抵制！

1.3.3 专业营销

微商的营销模式与传统商业大相径庭，更多依靠移动互联网、社交媒体等。所以，微商品牌必须建立一支完整的新媒体营销团队，包括论坛、贴吧、微博、微信、QQ 群等。事实上，如小米这样的互联网品牌，新媒体团队规模早已超越传统营销团队，这也是未来商业模式发展的大势所趋。

建立团队是基础，玩转互联网营销才是核心。微商品牌的营销团队必须做好以下几个细节。

1. 对互联网热点的捕捉

微信营销，很大程度上需要借助互联网热点，团队必须非常熟悉互联网，尤其是互联网操作的各种技巧、细节，能够快速捕捉到互联网的热点，并形成一套完整的宣传文案。

2. 精准的互联网工具应用

长微博发布、微信公号内容排版、H5 游戏制作……新媒体营销团队的成员必须能够轻松玩转这些工具，给客户带来精彩纷呈的营销内容。在招聘相应团队成员时，要尽可能挑选新媒体经验丰富的年轻人，而不是连计算机基本操作都不过关的爱好者。

1.3.4 专业粉丝体系

微商的兴起依托了移动互联网，也正是因为移动互联网的碎片化特质，才让商业模式呈现“微”的姿态——零散的信息、广泛分布的受众群。移动互联网的兴起，与用户的广泛活跃有着密切关系。

移动互联网带来的变革是根深蒂固的：无论孩子还是老人，都能凭借着一部小小的手机，完全不受地域、时间的限制，轻松浏览各种信息，并与志同道合的朋友进行互动。

微商品牌想要走得长远，就必须玩转粉丝经济，建立完善、专业的粉丝体系。同时，这个体系应根据微商品牌的发展不断壮大，最终实现社群文化。建立粉丝体系，要经过这样几个阶段：用户聚集，从而成为粉丝群体，进而社群诞生，社群发展到一定阶段后，就会细分裂变，形成更大的社群，如图 1-8 所示。

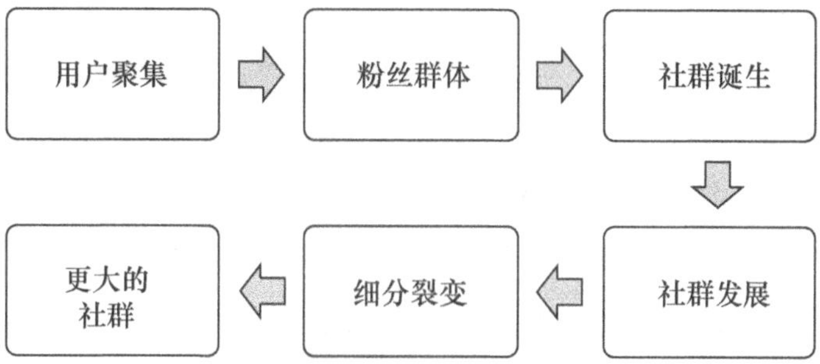

图 1-8　粉丝体系的建立

从第一款产品正式上市的那一天开始，品牌就必须投入粉丝体系的建立。建立粉丝体系必须遵循以下几个步骤。

首先，依托社交平台聚合粉丝。通过微博、QQ 群等，与客户进行信息互动和反馈，提升客户的黏度。

其次，随着粉丝团的形成，应开始举办各种活动。有奖转发、趣味游戏……通过这些手段，粉丝能得到巩固，影响力进一步外扩。

再次，当多款产品上市后，用户群更为庞大，此时建立社群组织，社群规则、社群福利、社群等级……根据客户的不同诉求和忠诚度，逐渐形成社群文化。

最后，当更多粉丝涌入社群时，品牌需要根据产品文化的特质，进一步细分社群，创造更为丰富的社群形态和场景。

"未来的商业，必然属于社群"这句话，同样适用于微商领域。建立了专业的粉丝体系，如苹果、小米一般打造自己的果粉团、米粉团，这时候微商就会不再“微”，将成为中国商业浪潮中最亮的那颗星！

1.4 你最重要的资本是品牌，不是钱

做微商，最重要的资本是什么？

一定会有人回答：钱。毕竟，无论是独立开发微商产品，还是通过代理模式经营微商生意，没有钱注定寸步难行。产品研发、渠道拓展、产品推介……几乎每一个环节都需要资金支持。

于是，越来越多进入微商的朋友或团队都将“扩大资金”作为首要任务。但是，尽管盘子越做越大，我们却发现：微商的运营始终无法突破瓶颈。似乎投入越大，问题就越多，做微商成了一个“无底洞”。

下面案例中的这支团队，就遇到了前所未有的迷茫。

小韩在2015年代理了韩国某款护肤品的经营权，准备大力发展微商。为了迅速打开市场，她和朋友几个人一共投资了近百万元，决心大干一场。但是他们几个人并没有相关经验，虽然资金到位，但是具体怎么做，却没有多少眉目。几个人一合计，几乎将所有钱都用于产品购入，甚至还租下了一个大型厂房做仓库。

只有一个合伙人表示出了担忧：“咱们的产品品牌价值不高，有限的资金全部花在铺货上，真的可以吗？”

这个朋友的担忧真的成为现实。这款产品的市场知名度还不高，前来咨询的人非常少，即便有人选择代理，量也非常小。坚持了半年之后，小韩和朋友们实在无力为继，只好以极低的价格将所有产品转让。

很多微商团队都是类似小韩这种一开始就是采用“高举高打”的模式，

把大量资金投入在产品上，结果一败涂地；还有一类微商团队选择“添油战术”——一开始的投资不大，但看到市场始终没有打开，就不停地增加投资、增加仓库储备，结果同样是竹篮打水一场空。

无论高举高打还是添油战术，想要成就微商事业，最重要的资本不是钱，而是品牌！当然，这并不是否定资金的意义，因为没有资金做基础，一切项目都无法启动，但是想要真正成就事业，就必须建立品牌理念——产品品牌、团队品牌、价值观品牌。不仅是微商，几乎所有事业做大做强，都离不开“品牌”这两个字！

品牌究竟能够带来什么，我们将从下面 3 个维度入手，寻找答案。

1.4.1 品牌可信度

什么样的微商产品根本无法获得消费者的喜爱。毫无疑问，就是那种“三无产品”。所谓三无产品，就是指没有生产日期、没有质量合格证以及没有生产厂家的产品。很多人之所以对微商颇有微词，就是因为在某段时间，三无产品大量充斥着微商领域，这其中，尤其以女性化妆品最为突出。

这些产品进价非常低，看起来在市场上很有竞争力，但结果却是不断被消费者投诉、被媒体曝光，最后被相关部门处罚。做微商是为了赚钱，但为了蝇头小利却选择三无产品，这是非常得不偿失的。

品牌对于微商的意义，首先是建立最基本的可信度，让消费者感受到产品的正规性，他们才会“掏腰包”。在进行微商产品考察之时，一定要将“合法性”放在第一位。在与品牌商进行沟通之时，必须让其出示相关产品证明。我们也可以登录相关网站如中国产品信息平台（http://www.anccnet.com/），输入相应品牌，查询其宣传文案，是否与注册信息一致。

当然，合规、合法，仅仅是一个产品最基础的“可信度”。想要真正让消费者感受到可信度，那么这个品牌是否具有产品标识、质量认证、荣誉奖项等，都是非常重要的展示，如图 1-9 所示。这些都让消费者对产品留下好的第一印象，吃下一颗定心丸。而明星、行业意见领袖的产品体验成果做传播展示，可以形成更好的背书效果，强化品牌的可信度和美誉度。

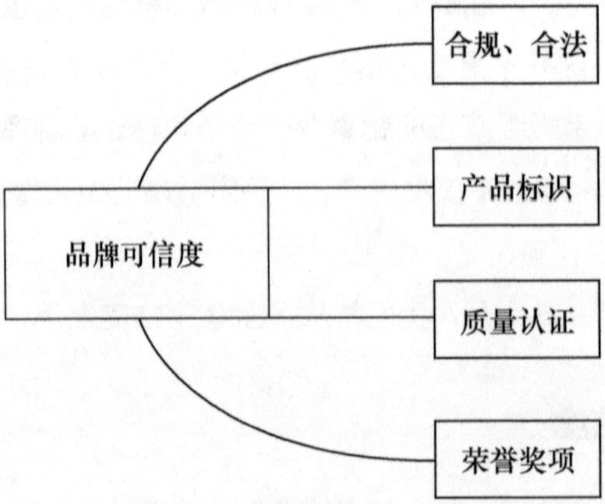

图 1-9 品牌可信度的构成

现在，我们有了做品牌微商的第一个策略：无论自有产品还是代理，当微商事业正式启动之后，就要在社交平台第一时间将产品信息公布于众，并尽可能多地挖掘产品的传播口碑，转发不同消费者的赞美，甚至直接与大 V 或专家合作，提升品牌的可信度。有了可信度，客户才愿意放心购买！

1.4.2 品牌偏爱度

信任品牌，不一定能形成真正的购买力。就像我们听说过某款手机，知道它是大品牌厂商推出的产品，但是到了真正购买时却依旧没有选择它。是什么造成了这样的结果？

这是用户的偏爱度影响了他们的选择。

没有偏爱度，品牌即便具有多少可信度，也不能第一时间激发用户的购买欲望。很多微商团队阵亡在了偏爱度之上——产品都是由正规厂商推出，甚至还邀请了明星做代言，但始终不能赢得消费者的好感，最终同样无功而返。

该如何提升客户对品牌的偏爱度？

最重要的一点在于**对产品进行差异化定位。差异化包含了产品形象、价格、包装、品牌文化等诸多环节，越是充满特点，越是容易打动客户**。挖掘产品的核心竞争优势才能让客户迅速产生好感，产生购买欲望。简而言之，应找准卖点，输送卖点，形成品牌文化核心。

小燕在韩国留学，当她得知国内微商面膜发展得风生水起之时，和几个同学与一家化妆品公司立刻取得联系，想要进行国内独家代理。同时，她们也提出了自己的条件：产品需要进行一定改良，更符合中国的特色，如针对华北地区干燥气候的A款，针对广东地区较为炎热潮湿的B款等。

看到小燕拿出了一套非常完整的方案，这家公司破例与小燕进行合作，甚至还提供了专业的设计团队，由小燕亲自领导。很快，针对中国市场的面膜推出了，并取得了国家化妆品协会的认证，这款产品迅速在中国形成风暴，小燕和团队不断根据市场微调着产品的定位和宣传模式，年销售额轻松破亿元！

这支团队虽然建立的时间不过两年，但是却凭借着极高的差异化路线，吸引了很多客户的关注并主动选择购买，从而顺利打开了市场。找到受众群的痛点，不断传播品牌特质，打造差异化微商品牌，产品又怎么会销售不动？

1.4.3 品牌忠诚度

对品牌产生偏爱，会形成广泛的购买效应，我们熟知的那些知名品牌，无一例外都走过了这样一条路。但是，想要成为真正的“长青品牌”，如可口可乐、阿迪达斯，那么，我们更需要收获一批忠诚的粉丝，即便我们的事业是目前看起来还很微小的微商。

几乎所有的商业模式，最终离不开的两个字——“粉丝”。粉丝，意味着忠诚度。

想要达到这个目的，品牌就成为维系产品与用户之间的纽带。正如小米，即便进入 2016 年之后销量呈现下滑，但那批忠实的米粉却始终不离不弃，这就给了小米敢于进一步探索其他领域的信心和资本。

微商一定要努力创建品牌黏性，在互动上下功夫，建立起以客户为中心的互动思维，让客户感受到品牌的温暖，愿意参加品牌举办的各种活动，主动融入社群，成为大家庭的一分子。

无论我们的微商领域在哪里，最重要的是创建品牌价值，这样才能真正吸引客户，赢得客户，留住客户！唯有用品牌做资本，微商之路才能越走越稳，越走越宽。

Part 2

微商如何做好品牌形象设计

2.1 产品 UI 设计的要点

一款产品能否第一时间打动用户，外形 UI 起到了决定性作用。所谓 UI，最初是指操作界面，如一款 APP 的标识、内部模块风格等，主要用于计算机、智能手机领域；但随着频繁使用，如今 UI 这个词已不再局限于智能产品领域，还囊括了产品设计、LOGO 设计等。微商产品同样需要具有让人眼前一亮的视觉设计感，让用户即便通过图片，也能感受到这款产品的魅力所在。

2.1.1 微商产品的视觉设计要点

产品首先带给客户的就是视觉冲击。就像 iPhone 4 横空出世之时，最让人心动的就是完全没有按键、纯黑色的视觉冲击，这在当时的手机中是绝无仅有的。抓住客户的视觉注意力，激发他们的好奇心，销售便成功了一半。

怎样的视觉设计，会给客户带来非一般的感受？如图 2-1 所示，为产品视觉设计的要点。

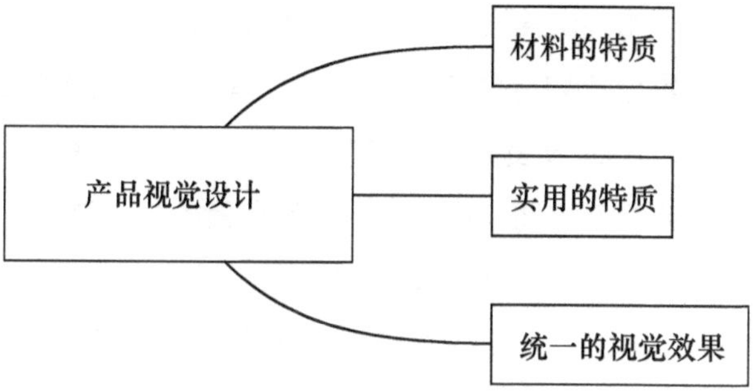

图 2-1　产品设计的要点

1. 材料的特质

材料体现了产品的第一品格，更体现出了加工工艺、成型技术应用、产品视觉表现等。很多时候，一款产品能否达到夺人眼球的目的，材料起到了重要的作用。例如，对于服装，春夏女装我们选择的应当是轻盈、透气的材料，这会给客户带来清爽的感受；而对于 3C 数码产品，性价比产品应在塑料工艺上下功夫，高端产品应在金属材料应用上多做研究，让产品显现出应有的光泽、手感，立刻就能让客户感受到品牌的用心。

2. 实用的特质

好的产品设计能够很轻松地体现出实用特质，所有功能尽可能一目了然。就像智能手机，摒弃了传统的烦琐按键模式，让人看到后会立刻想到："这是一款很容易使用的产品！"所以，智能手机才会形成全民化特点，无论孩子还是老人都可以轻松玩转。

在进行产品外观设计时，我们一定要遵循这个原则。某些品牌在进行设计时，总是会添加很多累赘的设计，例如，一款面膜被包裹在两层包装袋里，而第二层包装袋因为设计得太过花哨，反而让人找不到撕口在哪里，大大影响了使用的便捷性。对于累赘的设计、无实用效果的设计，应当大胆摒弃。

3. 统一的视觉效果

很多品牌在进行产品设计时，每一个细节都很出色，但组合到一起时，却差强人意。之所以出现这样的问题，就在于设计师将统一性抛之脑后。

某个微商团队推出一款针对老人的智能收音机，正面为黑白二色，看起来很有视觉冲击力，但是背面却选择了非常杂乱的多色彩色块，结果导致产品正反两面看起来完全不协调，很多老人表示非常不喜欢背面。

无论什么样的产品，统一的视觉效果非常重要，它必须清晰、流畅、自然，图 2-2 的产品视觉设计就非常不错，整体色调等要素非常统一。设计领域有这样一句话：好的设计都是看不见的。统一的视觉效果会有均衡、稳定的构图，不会让用户感到突兀。只有做到这一点，产品设计才是成功的。

图 2-2　某产品视觉设计

2.1.2　颜色搭配策略

形态是产品的外形体现，而色彩则是更为直接的感官感受。通过颜色搭配，客户会直接感受到品牌所要传达的信息。颜色搭配的意义，不仅在于对产品造型的装饰，更美化了产品外观，美化了用户心理。灵活多样的色彩组合，让产品更具针对性，提升了用户的选择，增强了市场竞争力。

而想要做好颜色搭配，我们先要了解各种常用色彩所带来的情绪。

红色给人热情、欢乐之感，用来表现火热、生命、活力等信息。

蓝色给人冷静、宽广之感，用来表现未来、高科技、思维等信息。

黄色给人温暖、轻快之感，用来表现光明、希望、轻快、注意等信息。

绿色给人清新、平和之感，用来表现生长、生命、安全等信息。

橙色给人兴奋、成熟之感，是很受人们欢迎的颜色。

紫色给人幽雅、高贵之感，用来表现悠久、深奥、理智、高贵等信息。

黑色给人高贵、时尚之感，用来表示重量、坚硬、工业等信息。

白色给人纯洁、高尚之感，用来表示洁净等信息。

有了这个基础的色彩认知，我们在进行产品颜色搭配时，就有了一个参考。如产品主要针对年轻群体，那么红色、黄色、橙色就是很好的主色；而对于健康类产品，绿色、白色能够凸显健康的气质；针对商务男士的产品，黑色、蓝色显然更能贴合他们的审美习惯。

颜色搭配的重要原则就是主色调能够凸显产品特质。而在此基础上，搭配其他色彩，会让画面更具多样化，如强弱、大小、明暗、刚柔、高低、虚实等，从而产生或是激烈，或是平稳，或是快乐的组合。如一款面膜，其主色是橙色，反映出产品的年轻化、跳跃化，这时候适当加入绿色，不仅会让视觉效果更为舒适，还可以反映绿色、健康的理念。

需要根据产品的不同特质、受众群体的不同喜好进行精准的颜色搭配调研分析。有时候，一个品牌的不同系列产品，都会呈现出完全不一样的色彩风格，正如 iPhone 5 彩色版，打破了过去 iPhone 手机只有黑白二色的传统，通过更高的性价比，主打年轻学生群体。这种设计得到了很好的反馈。

无论怎样的产品，我们都必须牢记这样一个原则：不要为了突出设计感，就采用夸张的颜色来设计。有时候简单的搭配反而更能体现出产品的功能。

2.1.3 什么是一见钟情的 LOGO

LOGO，最能体现一个品牌的形象。正如苹果，当我们无论在哪个场合看到那个缺口的苹果时，就会立刻联想到 iPhone，如图 2-3 所示；再如耐克的标志，看到它，就会想到一系列耐克产品，这就是成功的 LOGO 设计。LOGO 的目的是要让人一见钟情！

图 2-3 苹果的 LOGO 设计

通过对苹果 LOGO 设计的观察，我们可以知道，想要创造令人一见钟情的 LOGO，必须遵循以下几个原则，如图 2-4 所示。

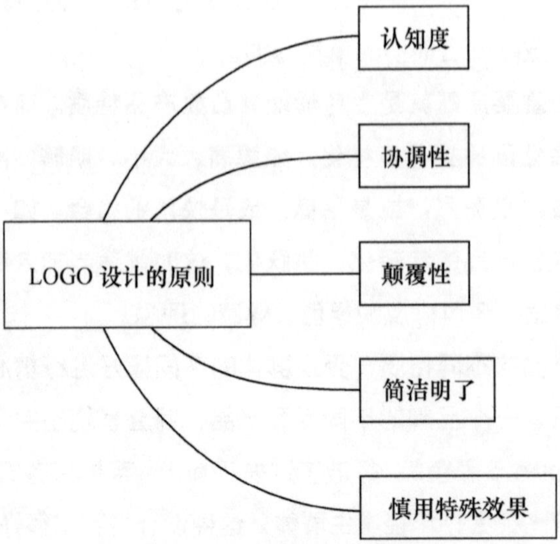

图 2-4 LOGO 设计的原则

1. 认知度

LOGO 的意义就在于建立品牌认知度，让人一眼就能记住这个品牌。LOGO 的第一个原则就是提升特点，无论在任何场景下都能清晰地分辨。

有一个细节是绝不能忽视的：在设计 LOGO 的过程中，一定要在相关软件中进行多种反转，检查其是否能够清晰辨认。就像苹果的系列 LOGO，样式一致、色彩有区别，就是为了便于在不同的画面中都能轻松凸显。LOGO 不仅仅只是出现在产品包装上，有时候也会出现在车体、网站之上，只有让任何人一眼看见的 LOGO，才是真正具有辨识度和认知度的！

2. 协调性

苹果的 LOGO 为什么会给人带来强烈的视觉印象？协调性起到了重要的作用。苹果的 LOGO 无论出现在哪种画面里，均抢眼却又不突兀，这就是成功的典范。设计 LOGO 之时，不是越夺人眼球就越好，而是让人感到平衡和有魅力。图形、颜色、大小的“比重”在各个部分均等，是协调性的原则。尽管协调性偶尔可以打破，但是要明白，我们的 LOGO 并不是给那些艺术家去欣赏的，而是展示给大众观看，所以一定要保证协调性原则。

3. 颠覆性

无论是苹果还是耐克，它们所创造出的杰出 LOGO 都有一个特点：充满颠覆性。在此之前，同类产品中没有品牌使用缺角苹果、对勾的图案进行 LOGO 设计。所以，要想让 LOGO 脱颖而出，显示出自己的特色，而不是模仿或抄袭，那么就必须敢于创新，进行颠覆性尝试。因此，设计师就必须打破惯例，敢于冒风险，从不同风格中不断挑选，直到发现真正新颖的 LOGO 组合。

4. 简洁明了

可以看到，苹果、耐克的 LOGO 设计都非常简洁明了，没有太多花哨的内容。但正是这种简洁的设计，让它们成为世界上认知度最高的 LOGO。在构思 LOGO 之前，设计师就应当建立这样的思维：越是简单，越是让人眼前一亮。也许初稿之时，LOGO 相对复杂，但最终呈现的版本，一定是简洁明了的，大胆砍去那些不必要的元素非常重要。

5. 慎用特殊效果

多数专业设计软件，如 Adobe Illustrator、Freehand、Photoshop 都带有大量的特殊效果，可以给画面带来不一样的特点。但是我们不要因此就给 LOGO 叠加太多的特殊效果，从而导致 LOGO 过于复杂，一方面不利于客户记忆，另一方面在印刷时也会出现不可想象的误差，导致 LOGO 与设计图大相径庭。

最后需要特别提醒的是，LOGO 的设计并不是一蹴而就的，有时候设计师需要设计多达几十张的草图，最终才能找到思路。一旦跳过草图设计，那么必然会影响到最终效果。一位优秀的设计师在初期工作上花费的时间比接下来的任何一个步骤都要多。

2.1.4 产品文案设计

任何一个品牌都不能缺少产品文案。产品文案的目的就是通过图文结合的方式告诉客户：**我们的产品优势是什么、我们的产品特质是什么、我们会给客户带来什么**。这构成了产品文案的三原则。

优秀的文案会立刻吸引客户的目光，甚至是直接产生购买冲动。如图 2-5 所示，苹果产品的文案设计，情感非常强烈，尤其是下面一行灰字，简单几十个字，却让苹果的各种特点得到了淋漓尽致的展现。

双核、全景照片、1080P、Siri……这样的产品文案使 iPhone 所有特质都跃然于纸上，客户自然产生强烈的购买欲望。而苹果的产品文案，也恰恰契合了三原则——双核的超高硬件组合；全景照片、高清视频、Siri 语音；稳定的性能、过硬的拍摄、便捷的语音互动。所以，我们得到了这样的结论：这是一部精彩的手机！

图 2-5　苹果产品文案设计

只要把握好这 3 个原则，无论我们的产品是什么，文案设计必然呈现出令人眼前一亮的特质。

2.2　产品品牌包装如何做

俗话说，人靠衣装马靠鞍。产品也是如此，需要通过包装展现出其特质和品牌的形象。2017 年的一则互联网趣闻，即国内某知名椰汁，曾经口碑非常高，然而新款出现后网友们却发现：包装赫然走山寨风路线，各种低俗宣传语印刷在包装盒上，结果成了网友们的笑话。众多网友表示：再也不会购买这款产品了！

千万不可忽视产品品牌包装，但只要遵循一定的美学进行设计，一款精美的外包装就会脱颖而出。

2.2.1　设计风格

对于包装的设计风格，我们需要根据品牌文化的特质入手。倘若产品多为潮流时尚用品，那么包装设计应当凸显年轻化的特点，线条、悬浮色块是非常好的设计思路。图 2-6 中的包装就非常简洁时尚；而对于针对成熟男性的产品包装，则应当注重大方、简洁，文字、色彩并不多，却能勾勒出男性的阳刚之美。

图 2-6　较为流行的包装风格

从近年来的潮流来看，简洁、素雅成为主流，带有强烈的小清新风格。这种风格看上去大方、干净，给人带来舒适的感受。所以，在设计外包装时，应当注重做减法，而不要用太多的元素堆砌。

在过去的某段时间，中国的外包装比较流行大红、大绿的风格，但在微商领域不一定行得通。因为选择微商购物的多是年轻人，他们更注重时尚潮流，倘若不喜欢某款产品的外包装，那么这款产品也不会被加入购物车。

只有先确立设计风格，我们才能建立统一的审美体系，从而做好配色、款式、字体等方面的准备。在开始设计包装时，一定要多尝试、多听取意见，最忌讳的就是盲目做决定，结果到最后成品之时却发现问题颇多，然后再推倒重来，耽误很多时间。

2.2.2　实用需求

除了美感，外包装还有一个重要的功能：**实用、便捷**。我们都曾见过这样一种包装盒：它看起来并不规则，或是三角形，或是金字塔形，看起来非常新颖、独特，但市场推出后反响并不好。这是因为这类过于怪异的设计，有时候存在取出较为麻烦、存放非常不便的情况。所以尽管它们极具艺术感，却并没有受到消费者的青睐。

外包装的核心需求：**容易装箱、容易保存、不易破损**，如图 2-7 所示。即便我们真的想在外形上进行创造，也必须严格遵循这 3 个原则。这就是为什么几乎我们所见到的产品，外包装都是平板包装的原因。异形包装，不仅增加了成本，更造成了重复包装和不必要的空间浪费。

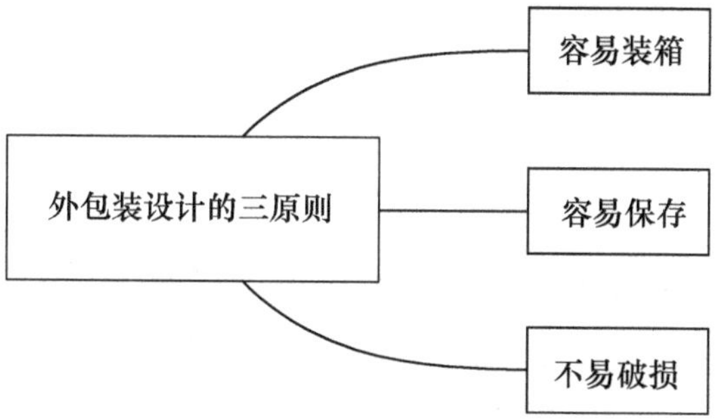

图 2-7　外包装设计的三原则

同时，过于复杂的包装，也不是目前的主流方式。过去一些产品包装通常会采取一层套一层的方式，看起来似乎提升了“格调”，但却给客户带来了非常多的麻烦。倘若设计没有足够的亮点，或是产品本身不存在太多的神秘感与科技感，如大众消费的食品等，那么就尽可能杜绝这种设计。

2.2.3　款式

有了设计风格、使用需求的思路，接下来，就将进入重要的款式设计。目前，主流的款式设计有以下几种。

1. 天地盒

天地盒是最常见的外包装设计。天地盒就是上盖与下盒分开，需要取出产品时，只需直接打开盖子即可。我们常见的手机、电子产品、生活用品等，多数采用这种包装模式。它的特点在于简洁、大方，同时成本较低。

2. 蛋糕盒

蛋糕盒也是较为常见的外包装设计款式。蛋糕盒，顾名思义，就是款式像装蛋糕的盒子，如食品或有一定厚度的产品，多采用这种包装款式。这类产品一般来说不方便抽取，需要完整解开包装后才能打开。

3. 首饰盒

还有一类产品，其包装采用首饰盒款式。这种款式类似打开蚌取珍珠一样，上盖是用掀起的方式打开。通常，这种包装适合于首饰和其他较为精美的时尚礼品，如戒指、手表等。同时，这类盒子也是非常漂亮的艺术品，但工艺较多，成本较高。

4. 抽屉盒

抽屉盒也是最为常见的一种外包装款式。这种款式，主要呈现扁平化的特点，打开一端将产品取出。因此，呈现偏平化特点的产品最适合这类包装，如面膜、信纸等。

这四类款式是目前最为常见的款式，除此之外还有纸袋、悬挂盒等。这两类款式，通常用于具有较为特别的产品，甚至还带有镂空元素，看起来更为新颖，我们可以根据自己产品的特点，选择相关设计。

2.2.4 色调、材质

从苹果、小米开始，很多产品的外包装材质都开始采用卡纸进行包装。这种材质具有很强的塑形性，同时光泽更为舒适，于是，越来越多的产品都加入到了“卡纸”的阵营中。甚至，越来越多的化妆品外包装也采取了这种形式。

目前，微商最为保险的方式就是用卡纸进行设计。除此之外，铜版纸、涂布纸、布纹纸、胶版纸、硫酸纸等，也都是较为常见的材质。具体使用什么材质，需要根据具体产品的定位来确定。例如，我们的产品为手工工艺，那么硫酸纸不失为一种很好的方法，它的颜色选择很多，也适合手工书写文字，看起来更具创意。

外包装的颜色要尽可能结合产品本身。侧重女性的产品，色彩应以暖色为主；侧重青年学生的产品，不妨使用高反差对比色；而对于成熟男性的产品，黑、白、灰、米显然是最安全的。

同时，我们还要结合 LOGO，对色调进行进一步微调。通常来说，包装盒的色彩，应当与 LOGO 的色彩反差较大，这样才能凸显 LOGO。尤其是在品牌刚刚进入市场之时，尽可能凸显 LOGO 才能让品牌的吸引力大为提升。

2.2.5 字体

包装盒上必然会出现品牌名称、推介语等，所以，对于字体和排版同样不可忽视。

通常来说，对于外包装的字体和排版，我们应当遵循这样的原则。

1. 字体不可过多

有的品牌在设计文字时，刻意采用多种字体混搭的形式，但是这种模式很容易让用户产生视觉疲劳，并不愿意认真阅读。所以，对于字体的设计，通常品名标识为一种，简单的宣传语为一种，以不超过 3 种字体为宜。

2. 字不可过多

从苹果开始，简约化设计已经成为主流，过去外包装上那种密密麻麻的简介，已经完全落伍。过于想要在外包装上通过文字描述产品，反而会给品牌带来“山寨”的印象——众所周知，只有山寨产品，才喜欢写下很多夸张的宣传文案。

潮流化的外包装应当干净、整洁，一家企业名称、LOGO、一句文化标签，足以大大提升品牌的“格调”，如图 2-8 所示，其产品外观就设计得非常整洁。

如今，这种简约的潮流几乎渗透到了所有领域，并建立了全新的用户审美体系，所以我们应当遵循。

图 2-8　潮流化的产品外观设计

需要特别强调的是，随着中国知识产权保护不断提升，如今很多字体都需要付费使用。在敲定字体之前，应当先确认该字体的版权方属于哪家公司，是免费还是收费，避免产品正式推出到市场后却受到版权方的投诉，既对知识产权造成破坏，也给品牌带来一系列不必要的诉讼开支。

2.2.6　内部结构

品牌包装的最后一个细节就是内部结构。所谓内部结构，就是指从打开包装到取出产品的整个过程。很多人曾经都有这样的记忆：一袋方便面就在眼前，却始终无法撕开；终于打开外包装，调料包又让人犯难，始终不能顺利打开。

这种情况是所有微商品牌一定要避免的。我们要做到开箱设计顺滑流畅，尽可能避免客户需要再借助其他工具打开。因为每增加一次工序，就是挑战客户的一次耐心。让客户可以顺畅地取出产品，是非常有必要的。

同时，为了增加客户“拆箱”的仪式感，不妨在外包装的小细节上做点“小手脚”，如在产品上覆盖一层薄薄的贴纸，客户需要撕开后才能取出。这种过程，就像买车解开方向盘上的车标一样，既充满了仪式感，也让客户感受到了品牌的工匠精神，更加提升整个包装对于品牌带来的文化特质！

2.3 微商金牌文案是怎样练成的

文案，这是产品宣传推广时的重要手段，无论我们微商产品的投放渠道是微博、微信、QQ 群还是论坛，都不能缺少文案。

可以说，一个品牌想要打开市场，文案几乎起到了决定性的作用，尤其当客户还没有体验过我们的产品之时。就像近年来突然走俏的能量型食品士力架，“做回自己，士力架，真来劲！”简单的几个字，配合精彩有趣的画面，立刻让士力架的形象生动饱满。

微商想要迅速点燃朋友圈，就必须创造出精彩的文案。那么，撰写令人赞不绝口的金牌文案该从哪几个角度入手呢？

2.3.1 读懂用户的心

设计产品文案时，要明确产品的用户是谁，他们的年龄、喜好、受教育程度等。甚至，我们还要知道目标客户喜欢什么样的语气，他们的理解能力怎样，爱看什么类型的读物。只有契合用户的心，所创造出的文案才是精准的，才是能够“勾引人”的。下面与大家分享一个非常精彩的微商金牌文案。

不要认为，
每个和你谈护肤的人，
都是想赚你的钱，
其实，
脸是你的，
斑是你的，

暗黄是你的，
痘痘是你的，
皱纹也是你的……
当这些都是你的，
一段时间后……
也许属于你的爱，就是别人的了！
女人应该对自己好点，
投资自己的美丽和健康，
是最划算的投资！
女人外在最贵的不是衣服，
而是——脸蛋！
（配图：一个女性用了护肤品前后的对比图）

这则文案，很多人都在朋友圈看到过，某一段时间甚至形成了刷屏。为什么这个文案会获得很多微商人的喜爱？因为它直接击中了客户群的痛点。

1. 直接说出客户的内心

这则文案直接用“雀斑、暗黄、皱纹、痘痘”这样的关键词，直击女性的心理痛点：几乎所有女性都关注自己的美丽和健康，而多数女性都或多或少存在这样的问题。直接说出女性客户的内心，会一下子让她们感受到这款产品，就是针对自己而设计！

2. 配图直接体现效果

金牌文案，绝不仅仅只是“文”，同时还会通过图片、视频等手段，更丰富地展现产品的优势。这则文案就是如此，最后的两张对比图，直接让客户群看到使用产品后会有怎样的效果，这种效果是可见的，所以信服度自然更高。很多微商团队在发布文案之时，总是忽视配图、视频的作用，结果让精彩的文字效果大打折扣。

3. 用暗示直击用户痛点

暗示法是文案撰写时非常常见的一种手段，如“一段时间后，也许属于你的爱，就是别人的”这种手法，很容易让女性客户产生危机感，重视自己的问题所在。当她们意识到如果还不做出改变，必然产生无法想象的后果，所以愿意进行购买和消费！

金牌文案并不一定使用各种华丽的辞藻，但是它一定是精准的，一定让客户读到之时就会联想到自己，因此愿意进行购买。倘若文案内容始终无法击中客户的痛点，那么语言再具煽动性，也无益于品牌形象的提升。

2.3.2　有文化，有情怀

杜蕾斯、红牛的文案，一直都是移动互联网时代的榜样，非常具有吸引力，相信给很多人都留下了深刻的印象。这两家公司的文案有一个特质是很多品牌都不能比拟的：有文化，有情怀。

图 2-9 的这则文案，就在 2017 年的春节期间形成了很好的传播效果。它既结合了春节的热门话题——逼婚，同时又渗透了杜蕾斯推介的文化气息，自然受到网友的一致追捧和转发。

图 2-9　杜蕾斯的官方微博文案

微商也是一样，品牌越小，反而越能创造出有趣的文案。例如，某家烧烤品牌主打校园送餐，文案就非常具有文化和情怀的双特质。

又是一年的情人节到了，我们 ××× 烧烤为大家准备了精美的情人节烧烤专属——比翼双飞！希望每一对情侣都能在这一天感受甜蜜，吃到幸福！不要像我一样，当年要是可以再浪漫一点，那么我的那个她就不会……（配上哭脸）当然，除了比翼双飞，还有人人甜蜜、四季花开……情人节套餐，我们等着你呦！

这家烧烤品牌将烧烤产品进行名字再加工，迅速凸显文化气息；与此同时，其文案也结合客户群的特点：校园、恋爱、轻松、浪漫……当学生群体看到这样的文案时，必然会在会心一笑之时，立刻掏出手机选择下单！

尽管这所大学的附近有不少烧烤店，但是没有一家能够与这家生意相媲美。这就是精彩文案创造的品牌形象——文案越精彩，品牌越高端；品牌越高端，产品越好卖！渐渐地，品牌就会越做越大。

2.3.3 更多文案小细节

读懂用户的心、有文化、有情怀，构成了金牌文案的核心。但是，仅仅做到这些是不够的，它们只是精彩文案的框架和骨骼。在此基础上，我们必须植入一定的“血管、毛发”，让整个文案更加立体。

以下这些内容，同样是金牌文案的重要组成，如图 2-10 所示，尽管它们看起来并不起眼，却直接体现着文案的细节。做好细节，才能呈现高姿态，我们万万不可忽视。

1. 描述核心功能和使用场景

真正打动用户的文案，能在三言两语之中即可让他们感受到产品的核心功能，以及使用的具体场景。只有让客户产生身临其境的感受，这种文案才是真正动人心魄的，如下面的例子。

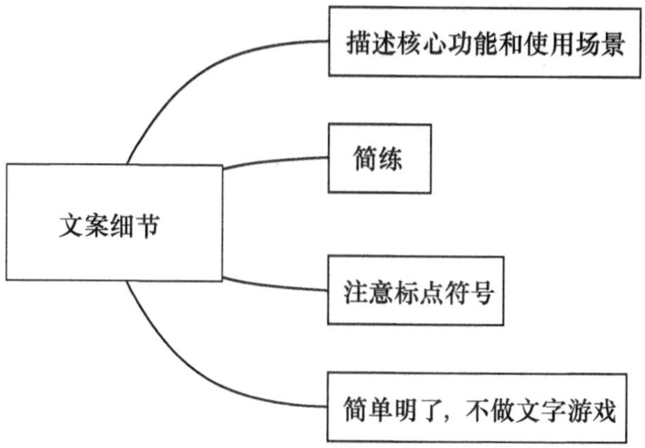

图 2-10　注意文案细节

5 年前的我，还是一名大学生，对一切都是懵懂的。进入社会后，我才感受到现实的残酷！而跟随着 ×× 团队，我就像一个新人一样，重新学习 ××× 的相关知识，很快有了长足的进步！如今的我，在面对职场之时轻松了许多，很多问题都在培训课上获得了精准的答案！我希望，还能有更多年轻人能够少走弯路，和我一样快速成长！

这段文案用了回忆的方法，讲述了自己曾经存在的问题，具有代表性，所以当目标客户看到时必然会产生“这也是我自己”的感受。让客户进入场景，是金牌文案的精髓所在。

2. 简练

对微商团队来说，多数文案在微博、微信这样的社交平台传播。这类平台具有碎片化、短小的特点，所以文案内容不要太过于复杂，一般在 200 字之内最为合适，让人快速了解产品信息，是社交平台文案传播的基础原则。

3. 注意标点符号

很多品牌在社交平台发布内容时非常随意，经常一大段话却没有一个标点，或是标点漏洞百出。这种行为会有损品牌形象：

首先，会造成客户群的阅读障碍，不少人看到这样的文字，甚至连阅读的欲望都没有；

其次，无形中表明品牌不认真。一个严谨的品牌，对于细节的把控是非常严格的，包括宣传文案。倘若一而再、再而三地使用错误标点，或是没有任何标点，会让用户群对产品的印象大打折扣。

4. 简单明了，不做文字游戏

撰写文案之时，应当尽可能采取简单明了的风格，不要总是通篇用疑问句。因为这种方式，有时候不免带有攻击性，反而会给目标客户带来负面的心理暗示。

你们这种人，活该一辈子没有漂亮面庞！难道，你们就注定选择丑陋的面孔吗？

看到这样的语言，相信大部分客户都会心生反感。这种暗示太过消极，容易让人产生抵触心理；但是，如果换一种方式，就会起到很好的效果。

现在，让我们行动起来，和过去的自己 Say Goodbye！美丽容颜，同样可以属于自信的我们！

金牌文案，一定以暗示、引导为主，而不是单纯地指责、批评。让客户感到舒适，他们才愿意购买！

2.4 微商团队的品牌化路线

微商品牌，不仅仅只局限于产品。事实上，只要投入微商领域，那么我们自己也应当成为一个闪亮的品牌。就像张大奕，尽管她的服装淘宝店已经成为明星店铺，但她依然是微商的杰出代表。不过，如果没有张大奕这个品牌，那么又有谁会关注 JupeVendue 这个女装品牌？

对 2.0 时代的微商来说，我们要创造的不仅是品牌产品，更是微商品牌团队。只有让团队形成品牌化路线，从创始人到团队都是“网红”，那么品牌才能更闪亮，更具话题性，更具市场热度！

2.4.1 创始人：打造网红品牌

无论网红领域，还是微商领域，都盛传这样一句话：10 个微商，赢不过 1 个网红。为什么这样说？因为，网红身上蕴藏着巨大的能量！

papi 酱这个名字，如今很多人都非常熟悉。papi 酱拥有上千万的粉丝，她的每一次发言都会引发上万次讨论和转发，可以说影响力超过了很多报纸、媒体，她的一次产品引流会迅速形成巨大的购买力！

2016 年 6 月 13 日，papi 酱发布了名为《papi 酱的影评系列视频又来啦！我把〈魔兽〉给看了！！！》的视频，并在最后做了一个小尾巴：淘宝搜索“papi 酱心智造”，当日 18:30 准时发售主题体恤！结果 18:30 一到，店里 3 款魔兽主题印花短袖 T 恤全部售罄！

papi 酱不是微商，但创造出的销售奇迹让任何一个微商都不得不汗颜！形成个人品牌化特质，努力成为网红，这对微商事业带来的帮助是无可限量的。

那么，微商创始人又该如何建立自己的品牌，成为网红呢？成为创始人网红化的关键如图 2-11 所示。

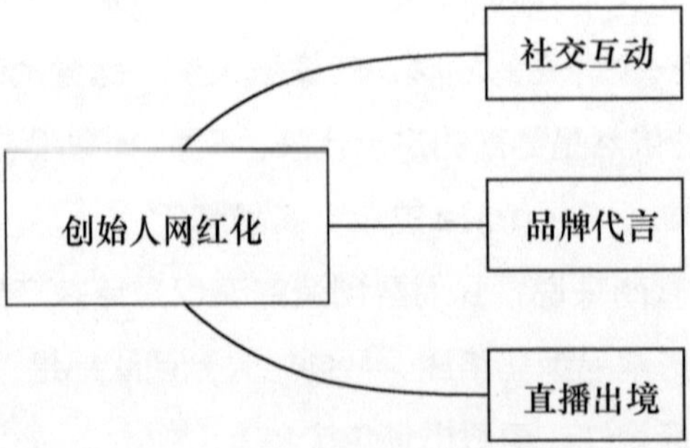

图 2-11　创始人网红化的关键

1. 社交互动

微商的运营平台依托的正是各种社交平台。因此，微商创始人也必须活跃在社交平台之上，无论微博认证还是个人微信公号，都应当在第一时间开通。每天，我们都应当在微博上发布各种信息，这些信息应尽可能生活化，凸显出自己真实的一面。与网友进行互动、点评，也是积累人气的关键。

2. 品牌代言

品牌最重要的模特，不是那些代言人，恰恰正是创始人自己！试想，如果创始人从来没有表现出自己对于产品的喜爱，那么又怎么可能吸引网友购买呢？所以，在社交平台之上，创始人必须亲自试用产品，甚至邀请专业的摄影团队拍摄“大片”，让网友们看到最美的自己！

在张大奕的社交账号上就可以看到，所有产品都由她本人亲自出场拍摄宣传图，从而给粉丝群带来最真实的感受。在配合这些美照的同时，她也放出购买链接，粉丝只要喜欢，就能轻松一键抵达购物界面，顺利完成引流。

3. 直播出镜

从 2016 年开始，最热门的互联网话题是什么？毫无疑问，就是直播。斗鱼、熊猫、战旗 TV……一个个凭借着实时直播、弹幕刷屏文化的全新直播平台，创造了一个全新的名词——直播经济。越来越多的人通过视频直播的形式开始微商之旅，在直播平台不断创造人气，形成巨大的引流效果，直接实现微商变现。

创始人应当登录各大直播平台，展示自己的风采，或是歌唱，或是游戏，或是情感对话，只要是自己擅长的领域，那么就不妨尽可能展示自我。当我们在直播平台的人气足够高，那么微商品牌同样会受到广泛关注。

著名的天使投资人徐小平曾说："每一个创业者都应该成为网红，因为他们同样都是在打造品牌！如果你不具备成为网红的能力、潜力、魅力、影响力，那就不要创业了。因为创业创什么？品牌。"所以，微商时代的创始人，同样也要成为一名网红，这样才能真正打造高含金量的品牌。

2.4.2 内部成员：分类网红代表

除了创始人之外，还有谁能够成为网红，创造微商团队的品牌？

毫无疑问，就是微商团队内的内部成员。内部成员最熟悉品牌与产品，所以应当将目光投放于企业内部，找到活跃员工，并将其培养成为网红，这样就能源源不断地输出原创内容。而他们因为工作的缘故，所创作出的内容也更为精准，甚至有不少让人眼前一亮的"小秘密"，原创度越高，越能吸引网友的注意。

什么样的员工最适合成为网红？那就是技术人员。对于化妆品品牌来说，产品研发师可以从各个角度讲述这款化妆品的特点、成分等，具有很强的专业能力；对于手机品牌来说，设计师可以从手感、视觉、用户体验的角度进行全面分析，吸引粉丝的关注。只有能够代表品牌形象的员工，可以全面阐述品牌文化、特点，才能输出有价值的内容，从而吸引粉丝，成为网红。

某微商团队的所有成员均活跃在互联网的各个平台之上。

小狄是这支团队的营销策划人员，他很喜欢玩微博，经常在微博上写段子。在和网友分享段子的同时，他也不时贴出自己工作的照片，主动将办公室里的趣闻进行分享。他的粉丝越来越多，很多人通过他关注到了品牌。

小孙是这支团队的研发人员，他非常喜欢在知乎上与网友互动。尤其是对于3C设备的原理、测试等领域，堪称“大神”。随着人气的不断提升，他经常受到各种邀请回答问题，在解释很多内容时，他会用自己团队的品牌做例子。这个品牌的很多用户，都是通过知乎成为粉丝的。

小岩则是团队里的美少女，也开通了自己的直播平台。在和网友互动的过程中，她也说出了品牌，讲述自己的工作故事，那些粉丝为了支持她，果断选择购买。

其实，这一切都是这个团队“刻意而为之”。这支团队采取了“股份制”的模式，让每个人都占有一定比例的股份，所以，大家都希望能够通过自己的影响力，进一步提升品牌形象。因此，当每一个人都成为网红时，他们背后的品牌，自然成为所有粉丝们关注的对象。

创建内部成员的个人品牌影响力，就是创建微商品牌的影响力！

2.4.3 团队：品牌网红团队

不仅是个人，整个团队同样可以成为“网红团队”。只要我们能够抓住当下的互联网热点，号召所有团队成员一起行动起来，那么，一支网红团队就能迅速形成。

为什么顺丰能够成为国内快递行业的翘楚？一方面，是因为他们的品质的确过硬；另一方面，互联网上关于顺丰的新闻非常多，或有趣，或感人，他们总是会不断挖掘内部团队的故事，并主动与网友分享。久而久之，顺丰团队也成为互联网上的红人，无形之中就反哺了品牌，从而创建了顺丰高大上的“格调”。

所以，我们可以以团队为单位，直接发起网红行动，甚至是“直播秀”。只要做好这几个要素，那么这场直播秀不仅可以创造网红团队，更能够创造网红品牌。

1. 以活动为噱头发起直播

部门直播，必须言之有物，让粉丝们了解到底在直播什么。所以，在直播前必须策划好相应的主题，“如何给宠物做一次手术”“一款女装有着怎样的制作流程”，以活动的形式进行直播，可以让主题更加精准化，从而保证直播内容聚焦。

2. 有一名现场主播

部门直播的核心在于团队，但同样需要一名主播的引导，将每个环节、每个成员介绍给粉丝们。这名主播，应当具备靓丽的外形，同时可以快速对粉丝们的弹幕做出有效反应，起到引导的作用。

3. 每个人都要有展示

部门直播，必须让每个成员露脸，让他们可以面对镜头展示自我，否则成了单纯的“视频浏览”，热度就会降低。在直播开始前，每个人都应当准备一些“彩蛋”，可以是歌艺，也可以是小魔术等，一定要让粉丝们感到眼前一亮，对品牌产生特殊的情感：“原来在枯燥的工作下，这里的工作人员都有自己不同的性格，这种团队太让人喜欢了！”

定期推出不同主题的部门直播，形成“娱乐化工作”的模式，久而久之，粉丝就会越来越多，因为人人都想看到：这个团队还有哪些新鲜产品推送给我们？那些熟悉的员工，这次又会给我们带来怎样的惊喜？当网友对团队产生了浓厚的兴趣，认为这支团队是具备高品牌价值的，那么他们所服务品牌的价值就更加耀眼夺目！

2.5　微商品牌代言人如何选

为了进一步提升品牌的影响力，这时候，我们应迈出更为坚实的一步：寻找代言人！我们可以借助代言人的影响力，进一步提升人气；通过代言人的粉丝效应，进一步拓展市场。

那么，寻找代言人又有怎样的诀窍呢？

2.5.1　谁才是真正的微商代言人

对于传统意义上的代言，我们首先想到的就是各大明星。曾几何时，我们所熟知的明星无不是各大品牌的第一选择，他们借助自己的超高人气，给品牌带来了非常有效的帮助，全面提升了品牌含金量。

然而进入 2015 年之后，我们却突然发现传统明星似乎不再吃香，取而代之的，是一个个网红。

与微商经济同步走俏的，是网红现象。越来越多的网红所呈现的商业价值甚至超过了传统明星！在新商业时代，网红代言已经越来越成为主流。而微商，恰恰是与网红结合最为紧密的行业。

首先，很多网红本身就从事微商事业，很多微商的创始人也渐渐成为网红。所以，她们天然具有高结合度。

其次，微商品牌多数都是新晋品牌，与耐克、麦当劳不可同日而语。倘若选择大明星做代言，必然无法承受成本。而根植于互联网、诞生于互联网、走俏于互联网的网红，却具有非常高的性价比。

最后，网红所带有的草根气息、互联网文化气息，更符合微商的传播思路。微商传播的主要平台是微博、微信等社交平台；微商传播的手段是病毒传播、话题传播、事件传播等。传统的电视广告、报纸广告等并不适合宣传微商品牌，而网红带有的互联网特质会更加有利于社交传播，能够迅速掀起一轮又一轮的互联网热门话题。

想要通过代言模式进一步提升品牌形象，网红毫无疑问是最符合微商需求的选择。一旦找到与自身品牌相契合的网红，通过网红日常的社交互动、直播互动等手段，品牌就会渗透到互联网各个层面。凭借网红自身的“粉丝经济”，品牌可以迅速打开销售局面。

当然，这并不是说传统明星就不能成为微商代言人。倘若我们有相关资源，可以以适合的价格与传统明星合作。但对于多数微商品牌来说，传统明星对于互联网的距离感、对于互联网话题的提升度，甚至对于话题的直接参与度，与网红相比都逊色不少。这一点，同样需要引起微商品牌的注意。

2.5.2 多角度出击，创造事件热度

对微商品牌来说，代言人通常会更迭、调整，这与传统品牌有着明显不同。因为，微商品牌主打“移动互联网”，而移动互联网的特征是碎片化、多样化，倘若长时间只是一副面孔，必然会让用户感到乏味。因此，微商品牌的代言人多数是借助某段时间的热点事件，进行话题传播。这种效果反而比过去那种“长期合同约定”的代言人模式更有新鲜感，更具话题性。

某支微商团队主打手机微信游戏，经常 3 个月就调整一次网红代言人，以期给客户带来新鲜感。同时，在每一个阶段，品牌又会发起各种不同形式的活动，并要求代言人在自己的领域尽可能传播，从而取得了非常好的效果。

这支团队在 2017 年春节时，举办了一场发布会，针对这场发布会，他们邀请了当季多位网红代言人通过不同角度提升品牌形象：

自媒体网红通过撰写游戏领域的文章，表现出这款游戏的独特性、高端

性和行业领先性；

游戏网红进行游戏评测，包括上手度、难度、可玩度等，让粉丝们直接体会这款游戏的魅力；

直播网红直接进行视频演示，用场景化的游戏试玩让粉丝们看到，这款游戏究竟有着怎样的画面，网红的技术如何，能否与他 PK 一番？

不同领域的网红共同出击，创造出了品牌不同维度的形象，所以这支团队如今已经成为微信游戏领域的“领头羊”。因为每隔一段时间就会更换代言人，因此他们打造出的形象非常具有吸引力。这种模式是真正适合微商代言的发展模式！

2.5.3 与经纪公司合作，让专业的人做专业的事

如果微商品牌对于代言人的选择、后期运营欠缺经验，那么不妨与网红经纪公司合作，通过公司运作，让品牌借助网红得以迅速提升。

事实上，随着网红经济的不断升温，专业的网红经纪公司早已诞生。这样的公司具有很强的策划能力，可以帮助品牌找到真正适合自己的代言人，并形成完善的传播理念，这是个体网红不可比拟的。

一般来说，网红经纪公司都会设置以下这些部门，如图 2-12 所示。

猎头组的主要工作是在各大平台发掘有潜力的新人，然后与其签约。

培训组的主要工作是根据新人的特点，全方位包装培训，让网红可以达到相应标准。

运营组的主要工作是对网红进行相关的技术支持。这其中，还下设有新媒体小组、视频直播小组等。

外媒组的主要工作是开展商务洽谈、品牌合作等。

不同小组分工明确，网红才会在互联网中呈现不同的姿态。与其说是网

红一个人打造出的高人气，倒不如说是经纪公司的运作，让网红人气、商业价值同步提升。

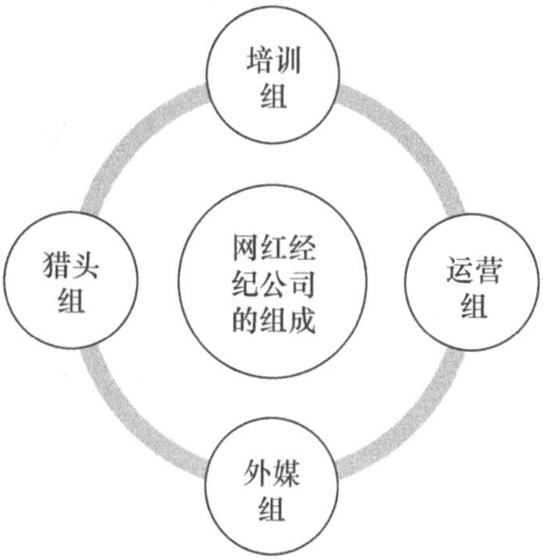

图 2-12　网红经纪公司的组成

想要寻找适合品牌的代言人，不妨找到网红经纪公司，将我们的诉求详细告诉对方，借助对方的行业经验和资源，寻找真正合适的网红，并由其团队提供完整的传播方案。这种模式尽管价格偏高，但所做的策划方案非常专业，涵盖了互联网的所有平台，对于渴望进一步打开市场的微商品牌来说，不失为一个好选择。

2.5.4　发起“网红选拔”

寻找优质网红的同时，微商品牌也可以自主发起“网红选拔大赛”。借助这种互联网活动，品牌不仅能够通过筛选的方式找到真正适合自己的网红，同时活动本身也会形成新闻事件，直接提升互联网关注度。

为了让这样的活动可以吸引更多人的关注，我们在策划活动时不妨多找一些噱头，如成功入围后与品牌签约，享受网红指导团队的特别培训，还能享受奖金、车辆使用权、免费出国游等诸多福利。这样一来，活动更能引爆互联网的热度。

需要提醒的是，网红选拔大赛的举办非常容易，但是想要真正培养出符合自己品牌的网红代言人，需要做的工作还有很多。当活动圆满结束后，品牌应当对优胜者提供全方位的培训，让网红迅速积攒起人气，成为优质网红。

2016年年中时，广州的某个化妆品牌发起了一场大型“网络红人选拔赛”。他们投入重金，在多个平台同步进行，吸引了数千名网友参加，近百万名网友关注。3个月后，他们选出了3名出色的网友，最终角逐冠军。一时间，这个品牌得到了最大限度的曝光。

然而，伴随着活动的结束，却是优胜者的销声匿迹。原来，这个品牌并不知道该如何培养网红、运营网红，虽然他们在比赛中也打出了“网红深度培训”的宣传，但那不过是一个噱头，根本没有完整的方案。

又过了几个月，很多网友咨询这三名优胜者的近况，得到的却是沉默。一名优胜者在自己的微博说，这个品牌并没有成熟的网红培养体系，并为此对品牌进行了强烈的攻击。结果，众多网友一致口诛笔伐，品牌不得不一次次道歉，品牌形象大幅下滑的事实，已经无法挽回。

想要自主培养出代言人，就必须了解“网红养成”的各种技巧，而不是仅仅将活动变为噱头。事实上，由微商品牌自己培养出网红，会与品牌形象更加契合，网红在传播品牌时，我们也能掌握更多的主动权，未来“自主网红代言”必然成为趋势！

Part 3

微商故事该怎么讲

3.1 不会讲故事，怎么做微商

很多人都在问这样一个问题：做好微商，究竟靠的是什么？

有人说，是品质；有人说，是互动；还有人说，是性价比。

的确，品质、互动、性价比，这些都是微商的关键词——没有品质，产品谈何让人欣喜？不懂互动，我们该如何推广？性价比太低，谁愿意掏钱购买？

但是，我们都忽视了微商品牌发展的一个重要环节：情感！用更通俗的语言来说，就是讲故事。

在微商行业，有这样一句至理名言：不会讲故事，怎么做微商？

有一个微商品牌的创始人在2017年与我交流，他对我说："我们的产品品质非常好，口碑也不错，并且我们的新媒体运营非常成熟，经常举办各种活动，很受消费者喜爱。可是每次发起最受关注品牌的投票时，我们总处于第二梯队。我们想了很多办法，但始终不见起色，这到底是怎么回事？"

当看完了这个品牌的各个细节之后，我问他："那么，用户在网上交流时，是否提到了你，提到了品牌的发展等？"

创始人有些惊讶地说："谈论我干什么？我可是一个没故事的人……"

我笑着说："就是因为你没有故事，所以你的品牌始终屈居二线。因为你们的品牌没有给人留下深刻的印象！"

很多微商团队的不足就在于故事挖掘得太浅。正因如此，哪怕产品再优秀，品牌的名字之于消费者，也仅仅只是一个名字罢了。就像到处可见的打火机，很少有人关注那种一元钱、两元钱的品牌究竟是什么，因为它们毫无品牌故事，只有廉价；但是一旦拿起 ZIPPO，就会滔滔不绝地说起它的历史，它在"二战"中的种种风云。

对于微商来说，哪些故事是最值得拿出来与客户分享，并提升品牌形象的呢？如图 3-1 所示，创始人的故事、团队创建的故事、团队典型人物的故事以及品牌发展的故事是必须要讲的。

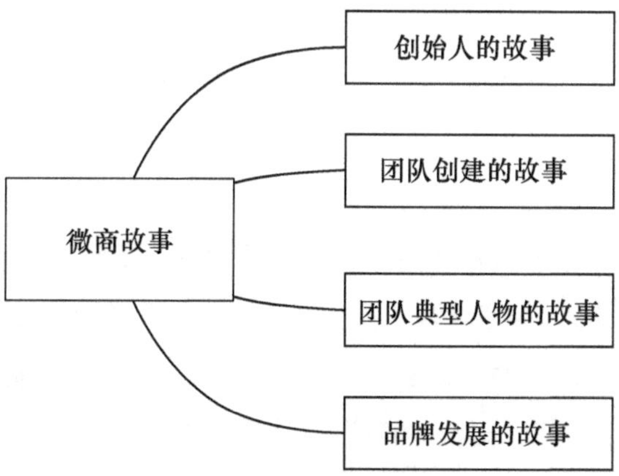

图 3-1　微商故事的组成

这四类故事，将会一直贯穿微商品牌的发展，不断丰富，不断创新，用情感赋予品牌独特的形象。而无论哪类故事，我们都必须遵循以下这些原则。

3.1.1 故事独特性

什么样的故事客户最爱听？很显然，这个故事一定是独特的。所以，当我们讲述微商故事时，一定要尽可能另辟蹊径，而不是将客户已经看过的故事再翻来覆去地讲述。否则，客户不仅不会产生深刻的印象，甚至还会对品牌产生怀疑：类似的故事，我已经听过了很多，所以，这个故事一定是他们编造的！

同时，充满独特性的故事，一定是细节饱满，让人看到之后产生好奇，产生强烈情感共鸣的。这个环节很多微商团队都做不好，故事讲得“假大空”，毫无信服力。这不仅不能帮助品牌提升，反而还被贴上了“编故事”的标签。

下面这个微商团队的故事，刚一发出来就受到了网友的一致质疑。

2007年，我从一家公司下岗了。然后，我来到武汉的一家工厂做临时工，做了很多年，终于从基层员工做到了副厂长。随后我又出国考察，和法国一家公司建立了合作。回到国内，我选择了辞职，开始做代加工。两年的时间，我的品牌拥有了几百名员工！所以，今天的我才有了如此成绩！

这个故事姑且不论真实与否，最大的问题就在于细节太过模糊，让人根本无法感受到其魅力。下岗后，“我”到底经过了怎样的挣扎？又是如何通过短短两年的时间，从临时工做到副厂长的？“我”为什么选择辞职？创业两年的时间，究竟经历了什么，能够迅速将品牌做大做强？这一切内容，我们都无从得知。

所以，这样的故事不要说是独特性，就连基本的故事性都没有！当这样的文案推送到客户面前，又有谁会相信？

这个故事，其实有很多可以凸显“独特性”的点，例如，毅然选择辞职创业时，经历了怎样的心理变化，是什么促成自己下定了决心？倘若可以在这个方面多做文章，那么所呈现的故事才是真正饱含情感的。

3.1.2 故事曲折性

平淡的故事，没有一个人喜欢。所有人爱读的内容，都充满了曲折，就像一部电视剧，有伏笔、有高潮、有辉煌、有低谷……情节跌宕起伏，才能创造出一个好故事。

例如，很多人都听说过茅台酒的故事，了解这则故事的人这么多，就是因为曲折离奇，看起来似乎不可能发生，但却又实实在在地发生了。

1915年的巴拿马世博会，茅台酒作为中国参展产品之一，来到了这个全世界备受关注的大会之上。不过，虽然茅台酒品质好，但因为中国长期闭关锁国，所以很少有人来到它的展位前。几天下来，根本没有人关注茅台酒。后来，一个现场人员突然不小心打碎了一瓶茅台酒，结果酒香顿时四溢！一下子，所有人都惊呆了，这个看起来毫不起眼的酒类品牌，却能散发出如此沁人心脾的香味！一下子，茅台酒的知名度打开了，从此成为享誉世界的中国民族品牌！

每个人看到这则故事，不仅会升腾起浓浓的爱国情，更会对茅台酒的一鸣惊人感到两个字：神奇！如果当时中国没有参展、如果没有工作人员打碎一瓶酒，那么现在的茅台会有这么高的地位、这么高的知名度吗？

讲故事，必须注意节奏，要尽可能将曲折的点提炼出来，给人带来强烈的转折或遐想。凸显品牌发展历程艰辛的故事，是所有人都爱看的！

再来分享一个微商团队的故事。

2014年，我和几个朋友开始微商创业。上半年，我们始终没有打开市场，直到某一天，我们突然接到一个电话，咨询我们是否能够批量生产。后来经过我们的努力，这笔单子顺利完成，于是我们的品牌也迅速被更多人关注。

如果可以用更加有转折的方式讲述如何完成了这笔单子，那么这个故事必然会更加吸引人。后来，这个故事经过改写，立刻显得饱满，生动。

那个时候，我们的团队只有5个人，但这个项目至少需要10个人加班加点才能完成。怎么办？几乎每一天，我们都陷入苦恼之中：想要放弃，却又不甘！毕竟，这样的机会不是轻易就能获得的！

就在我们都感到绝望，决定推掉这笔单子时，突然一个电话直接让我们摆脱了危机！

……

究竟是怎样一个电话让这个团队迅速走出困境？相信你读到这里，一定也会产生强烈的好奇感。一旦客户形成这样的情绪，这则故事才真正打动了人心。

3.1.3 故事升华

单纯地讲故事，只能满足客户的好奇心，也许他当时会发出感慨，但一天过去后，他就会将品牌的故事彻底抛之脑后。

在讲故事的同时，我们不要忘记回到品牌，应对品牌进行升华。一旦将品牌升华到一个高度，体现出了品牌文化、品牌精神，那么客户就会牢牢记在心中！

有一个品牌故事的结尾，就非常令人感动。

这就是为什么我选择了把雨伞作为自己的创业方向。很多人说，做雨伞只是小打小闹，充其量不过是一个工匠罢了；但是在我的眼中，如果可以创造出真正充满温度的雨伞，那么当年我和她，也许就不会因为一场大雨而起了争执，从此各走一边。我希望，我的雨伞不仅只是雨伞，而是代表着我当年错过的爱情。如果有更多的年轻人，可以借助一把有温度的雨伞走在一起，在细细的雨中体会爱情的美妙，那么你还会仅仅把它当成雨伞吗？就像许仙与白娘子的爱情，就是从一把油纸伞开始。有了这把伞，他们的爱情，才能成为千年之恋……

这个结尾，就是将品牌升华到了“爱情”的高度！读完这样的结尾，读者对于微商品牌创始人的感情认同，就转化为了对这个品牌的感情认同，这种认同将会直接提升品牌形象，加深用户的记忆！

无论怎样的产品，只要我们愿意挖掘背后的意义，那么它就会形成全新的文化形象和符号。正如小米、麦当劳，它们不过是手机和汉堡罢了，但是有了品牌故事的支撑，它们就变得不一样了——小米代表的是年轻人的文化生活，追逐时尚，追逐硬件发烧；麦当劳代表着年轻人的生活态度，快捷、轻松。所以，升华品牌，就是创建品牌文化体系，在讲故事的过程中万万不可轻视。

3.2 如何讲好微商创始人的故事

我们常说：创始人的文化喜好决定了品牌的文化形象。

的确，创始人对于品牌形象的作用是十分重要的。例如，雷军是一个爱尝试的人，经常会在大型会议上秀英文、讲段子，诉说自己对于世界的好奇，所以小米品牌就带有不断前进、有冲劲的特色，从手机领域逐渐进入更大的智能产品领域；而任正非是军人出身，习惯低调、严肃，所以华为反映出的气质，是严谨、内向的。

正是因为创始人对于品牌有着强烈的影响，所以讲述品牌故事时，第一个环节就是讲好“微商创始人”的故事。这对创始人提出了很高的要求：只有讲好了故事，才能真正让客户理解我们的产品。

创始人讲述自己故事的方法有很多，文字、视频、直播秀等，都能起到很好的效果。创始人可以找到适合自己的方法，让自己的故事更为生动形象。同时，我们还要掌握以下几个技巧，让故事更能打动人心，更为饱满。

3.2.1 讲述失败历程

任何人做事都不是一帆风顺的，尤其对于微商这一新兴事物。所以，创始人如果可以讲述自己的失败，与客户、团队分享自己的心得，敢于适当展露自己脆弱的一面，那么个人形象就会更为真实，更容易得到客户的信任。

我所相熟的一位微商创业者，就在一次直播秀上大胆说出了自己的失败，结果反而赢得了粉丝们的一片掌声。

有人喜欢叫我“总”，可是我真的不太习惯这种称呼。虽然你们觉得我现在有了自己的品牌和团队，可以称得上是成功人士，但是你们并不知道，其实在4年前，我差点连网费都交不起了。

那个时候微商刚刚出现，我第一时间就加入了阵营之中，代理了一个品牌的手机壳。别看单品不贵，但是数量多了，我也有不小的压力。那时候的我什么也不懂，将所有的钱全部用来购入产品，并且款式多达几百种！但是我忽视了一个重要的问题：我们大家买手机，通常都集中在那几款，而多数手机的销量其实并不好。

结果，近八成的货成了积压，畅销的卖光后又没钱进货，那时候我天天对着像山一样的手机壳发愁。而手机更新换代又很快，最后绝大多数的手机壳卖不动了……我不得已，是以卖塑料的价格才将它们彻底清空！最后，我的收益一共是 107 元……

而我面临的现实是马上要交房租。那个时候，我想死的心都有了！所以，我今天的成绩其实算不了什么，因为我知道，我是摔了多少跟头才逐渐爬起来的。所以，只要你们愿意努力，那么我相信，凭借你们的头脑，绝大多数人都能超过我！

大胆地说出自己曾经的惨痛，反而会给自己博得不少的“同情分”。这个同情分，会转化为对品牌的信任和喜爱，因为创始人是有血有肉的人，品牌一定也充满了温度！

3.2.2 讲述成功历程

讲述了自己的失败，也必然要讲述自己的成功。对于成功故事，我们在讲述时更应注意，切不可洋洋自得。有这样一个微商团队创始人，他在公众号撰写的文章就被用户们一致批评，甚至有人明确表示：从此以后再也不购买此品牌产品！

我的成功，我想，一切都源于自己的努力。我现在还记得当年要创业时，那些人对我的反对。还有，当品牌遇到一点危机时，我的所谓的合作伙伴，一个个就要选择撤资。对于这样的人，我立刻让他们走人！我一个人死磕到底，才有了今天！现在他们想要回头，但是我对于他们只有冷笑和嗤之以鼻！不要怪我绝情，因为我的成功，只属于我一个人，没有人有资格可以和我分享成功！

这位创始人的确讲述了自己的故事，但他没曾想发出后掀起了轩然大波，不仅不少客户表示他是一个难以接近的人，就连内部团队的员工看到后，多名骨干也表示寒心，选择辞职，不再与他共事。他在不经意之间流露出的刻薄和小肚鸡肠，给品牌带来的负面影响是完全不可想象的！

怎样才能讲好自己的成功故事呢？如图 3-2 所示。

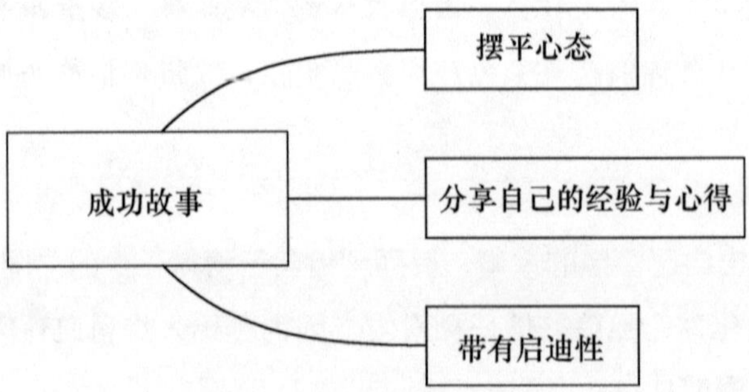

图 3-2　如何讲好成功故事

首先，摆正心态，不要传播自负的情绪。要让所有人都看到，自己走到今天这一步，除了自身努力之外，还有全体成员的共同努力，以及机遇。

其次，讲述成功故事，不是为了炫耀，而是为了和所有人分享自己的经验与心得。尤其对于攻坚战，我们更应该客观解析，让团队成员、客户看到，究竟运用怎样的思路才能化解危机、走向成功。

最后，带有启迪性的故事，才是真正有价值的故事，才是真正能够打动人的故事。

3.2.3　充满感染力的故事

无论听众是谁，想要聆听创始人的故事，就在于渴望通过故事感受到力量，或是感动，或是激励，或是找到提升自我的渠道。归根结底，这样的故事充满了感染力，可以从中看到品牌的发展，更看到自己的昨天、今天和明天。

创始人在讲述故事的时候，还要把握以下几个原则。

1. 讲述带有情感的重点故事

创始人的故事应当集中在情感之上，而不是事无巨细。与品牌发展、个人魅力无关的故事，一语概括即可。我就曾听过一名创始人的演讲，原本这个演讲的主题是“如何解决融资问题”，所有人渴望他讲述前期如何应对资金短缺的故事，但是他却从自己的小时候说起，很多故事听起来莫名其妙，既与主题无关，也不能反映出性格的形成，因此很多人听得昏昏欲睡。原本很有价值的分享会，就这样被浪费了。

在讲述自己的故事之前，无论是通过文字还是语言，我们都应当做好准备，罗列出重要的故事点，对于无关紧要的内容不要多费口舌。这样，故事才能详略得当，更有感染力。

2. 始终传播自信的态度

无论我们讲述的故事是悲伤还是激昂，自信的态度是核心。通过故事，我们要让客户、团队成员意识到：无论遇到怎样的问题，只要自己不气馁，那么就会有顺利解决的方法。反之，如果总是传播负面情绪，受众就会排斥，甚至对品牌产生反感：一个创始人有这么强烈的悲观情绪，那么这个品牌，一定也是不值得信赖的！

没有一种情绪会比自信更具感染力。因为，自信意味着激情；自信意味着投入；自信意味着敢于接受挑战。一旦我们的故事充满了这样的情怀，给客户带来了积极的正能量，他们就会愿意学着你的样子，去努力、去奋斗。当你成为榜样，那么你所创建的品牌，又怎么会得不到客户的喜爱？

3.2.4 多角度讲述，让故事更丰满

创始人总是一个人讲述故事，有时候不免太过单薄，甚至会让人觉得是自吹自擂。这个时候，品牌不妨多邀请几个创始人的好友，尤其是那些和品

牌一起成长的员工，共同分享创始人的故事。多角度讲述，会让创始人的形象更为饱满，可信度也更高。

创始人开通个人的微信公号并撰写自己的故事时，不妨邀请老员工通过评论的形式，将这则故事进一步丰满。例如，老员工不妨写道："其实老板还忽略了一个小细节！那个时候，老板刚刚结婚，嫂子经常到公司送亲手包的饺子！现在我还记得，那饺子，特别香！"简单补充会让创始人的形象更立体，故事也更为丰富！

有什么样的创始人，就有什么样的品牌。所以，在这个"网红当道"的时代，创始人更应主动走到台前分享自己的故事，用自身魅力进一步提升品牌形象。雷军、罗永浩，甚至王健林、马云都要频频为品牌站台，用自己的故事提升品牌形象，更何况正在处于事业上升期的我们？

3.3 如何讲好微商品牌的故事

我见过不少微商团队，每当说起"讲故事"时，就会有人这样说："讲故事？那应该是大品牌的事情，如苹果和耐克。我们这样的初创品牌，有必要讲故事吗？"

听到这样的话，我总是不着急反驳，而是与他们分享一个故事。

我家附近有一个小餐馆，经营者是一对老人，虽然店面不大，但收拾得很干净，主打烧鹅。周围的很多居民都是这家店的常客，甚至它还被全国美食节目拍摄，人气非常高。

有一次，趁着人不多的时候我前去就餐。老板难得有空，和我坐在一起聊了起来。我问他："为何这么大年纪了，你们还要自己做东西？并且，我听说你们早上亲自到市场选择活鹅，再亲自宰杀？"

老者叹了口气，告诉了我其中的缘由。原来他们早年有一个儿子，儿子喜欢吃各种卤肉，二十多岁的一天，他却误买了一家不法商贩制作的卤肉，吃下去后食物中毒，离开了人世。后来，他们老两口亲自拜师学艺，学习最具品质保证的烧鹅技术。一方面，他是为了避免还有年轻人和他的儿子一样英年早逝；另一方面，多吃鹅肉对健康有益处。

听完这个故事，我立刻被感动了。从这以后，我成了这家小店的常客，还经常带朋友一起前去品尝。而每个得知这个故事的朋友，无不对老两口肃然起敬，从此也成了这家小店的宣传员。

直到今天，这家小店依旧是过去的样子，店面不大，却很温暖。这家店之所以能够吸引众多食客前来，“故事”起到了至关重要的所用。所以，现在你还认为，小品牌、初创品牌就不能有自己的故事了吗？就像我们都看过一张趣图：一位老奶奶的橘子摊前，插着一个纸牌，上面写着“甜过初恋”4个字，立刻引爆社交媒体。这背后有着怎样的故事？这是所有人看到这张图时必然会产生的联想。

小品牌，同样可以有自己的大故事。故事讲得越早，就越容易吸引到第一批忠实客户，并直接转化为“铁粉”。一旦“铁粉”主动帮我们推介品牌，那么社群建设就能顺利进行，品牌价值得到迅速提升。

3.3.1 营造场景，让品牌故事变得动人

场景这个词，每个人似乎都不陌生，也从小都有接触，但是其真正发挥出效力，却是在移动互联网蓬勃发展的当下，即微商时代。

什么是场景？你可以将其理解为一个瞬间、一个片段、一部电影。进入场景，我们才会产生画面感，产生情感。什么时候你会购买饮料？口渴时。什么时候你会选择走进电影院？工作之余渴望精神放松时。简而言之，场景

就是一种可以让你置身于内的氛围。如看到一段文字，就会立刻联想到的自己。移动互联网时代，信息呈现碎片化特征，所以场景才显得尤为重要——只言片语就能打动人心，这段碎片化的文字才真正具有效力！

下面这段文字，尽管字数不多，却能迅速渲染出品牌初始阶段，所有人凝聚在一起的画面。

现在，我还会经常想起最开始的那一段时间。为了缩短工期，我们所有人就住在办公室里，累了，就在办公位下铺一张席子，躺在桌子下休息。而我，也主动搬出总经理办公室，把办公室腾给需要休息的女员工。中午的休息，就是帮着大家到饭馆订快餐。

甚至，我们还把服装打包的工作直接放在办公室完成，这样当每天下午快递员前来取货的时候，我们就不至于因为等待打包而耽误时间。现在我们的产品经理在聚会时还会绘声绘色地讲起那段日子，虽然有时候他喝多了忍不住落泪，但是我能感觉到，他对品牌发展到今天感到非常高兴和满足。

我想，如果没有当年那一段我们一起吃住在办公室的岁月，也许现在这个品牌早已消失了吧。

……

这段文字非常朴实，却勾勒出了一幅热火朝天的画面。而当客户看到了这样的文字，自然会对这个品牌肃然起敬——能够在逆境中丝毫不放弃，所有人拧成一股绳的品牌，所创造的产品必然透着浓浓的情怀。这段经历成为了品牌最宝贵的财富。

讲述品牌故事，一定要注重真情实意，让客户感受到品牌发展的点点滴滴。品牌故事不是几句口号、广告语，它是一个朴实的故事，不需要炒作，只需要唤醒消费者内心产生的共鸣，与你的品牌产生沟通。

3.3.2 能被看到的故事，才是好故事

学会讲故事的目的，就是让客户感受到品牌价值、品牌文化。所以，我们不仅要善于讲故事，更要善于传播故事。

对微商品牌来说，如何将品牌故事更好地传播给客户呢?

最好的手段就是借助社交平台，尤其是微信公众平台。绝大多数微商品牌都有自己的微信公众账号，我们在其中不仅可以分享产品新闻、测评信息、发起活动等，还可以发布品牌故事，以便让更多人看到，并形成转发、点评的模式。这样一来，我们的品牌故事不仅得到了传播，也活跃了公众号，可谓“一石二鸟”。

有一个建议，微商品牌不妨参考：品牌故事形成系列化，进行长期传播。每一次更新，都以品牌发展史上的一个重点事件展开，深入、细致地去描述。让客户感受到在发展路上，品牌究竟遇到了多少波折，又是如何化解，走向更广阔的天空的。

例如，我曾读过的一个微商微信公众号，每周更新一次《品牌故事》栏目，并设定了当期的小标题：“品牌故事之成立第二天，我们遇到的麻烦事”“5 月，品牌永远不能忘记的月份”等等。这种标题，本身就透出了浓浓的故事情怀，客户愿意主动点击阅读，并转发至朋友圈。或感动，或励志，或具人生哲理，每一个系列小故事，都是一次对自我的提升，不妨积极尝试这样的方法。

3.3.3 品牌故事不断发展、不断调整

随着品牌的不断发展壮大，品牌也会对业务方向进行一定的调整。例如，以面膜起家的化妆品微商品牌，在客户持续增长、资源不断丰富的发展之中，势必会进行更多产品的研发，如彩妆、唇膏、指甲油等，甚至进行跨界发展，

进入更广阔的时尚领域。

面对不断开拓的新业务，品牌故事也应当有所调整，应更侧重品牌发展的未来方向。

例如，在过去，我们的故事重点是如何对一款面膜进行深度研发，经过了多次尝试，最终经典产品得以诞生。而处于转型后的品牌，所要阐述的故事重点，应当凸显在“转型”之上——何种机缘，决定了品牌进行转型；转型的路上，遇到了哪些坎坷；新的业务，给品牌带来了怎样的机遇，又带来了怎样的困难……

品牌故事，始终是要服务于品牌形象的。调整故事的目的，是为了让它更加契合品牌的全新形象，让客户感受到品牌是不断发展、不断前行的。当然，无论品牌如何发展，故事做哪种调整，品牌故事都必须怀有感恩之心，不欺骗、不夸大。不能因为品牌开始转型，就对品牌故事进行编造。只有真正为消费者考虑，才能获得消费者的信任。

没有故事的微商品牌，是永远做不大的。故事，就是品牌的灵魂，没有故事，品牌只能沦为一个简单的符号、一个标识而已。就像小米与一加，难道一加手机的品质真的差得和小米完全无法相比吗？当然不！

但是，小米很懂得故事营销，从创业一开始如何创建 MIUI 系统，到如何尝试推出第一部手机，再到遇到产能瓶颈时如何突破……小米用一个个精彩绝伦的故事，构成了小米的成长史。

而在诞生之时，小米甚至无法生产任何硬件，仅仅是一个手机系统的开发商罢了。这样的起步，甚至比很多微商团队都要低。但是，品牌故事给予了小米全新形象，用“为发烧而生”迅速打开市场。所以，只有拥有一个让人记住的好故事，微商品牌才能迅速脱离红海，成为用户心中的 No.1！

3.4 微商团队故事怎么讲更有价值

相比微商创始人、微商品牌发展历程，微商团队显然一直处于不稳定的阶段。任何一家企业都会存在人员流动的问题，微商品牌更是如此，尤其对于很多新晋微商品牌来说，团队始终处于波动阶段。

但是，微商团队的人员流动，并不意味着团队就没有故事。倘若技巧得当，那么微商团队的故事会更有价值，更能够呈现品牌的形象。

3.4.1 体现团队的专业素养

很多具有产品创造的微商团队，都会有一支技术团队，这个团队是整个微商产品开发的核心。因为涉及产品研发，所以多数成员都具备足够的专业素养，这就是一个很好的故事切入点。将重点放在这支团队的建立过程之上，就能大大提升品牌的“格调”，给客户留下专业、精准、体系的印象，价值大大提升。

分享这样一个团队故事。

很多人都很好奇，想知道我们这样一个DIY耳机的微商品牌，到底有多少技术研发人员？今天，我来为大家揭开神秘的面纱！其实我们的团队技术小组，骨干成员一共只有4个人，但他们却是我们品牌的核心。而说起这支团队的组建，也是非常波折。

小A是最早进入团队的成员，他是我的朋友，在国内耳机圈一直小有名气，也经常制作DIY产品，还曾经开过个人店铺。正是因为他的加入，我们品牌一开始就在圈子里备受关注，小B一直都是小A的粉丝，所以看到我们的招募帖后，第一时间就加入了团队。他虽然是大学生，但是有很多年的耳机使用和维修经验，可以给品牌带来更多年轻人的思维。

不过，仅仅两个人是远远不够的，尤其是对于技术核心环节，需要一个大师坐镇。为此，我和小A多次拜访一名耳机行业的前辈，他不仅是设计师，更是测评师，曾经担任国内诸多耳机品牌的顾问，有了他的加入，品牌品质必然得到充分保障！

一开始，前辈并不愿意加入我们，认为我们实力有限。为此，我们不得不像刘备三顾茅庐一样，两个月内从深圳坐飞机到成都3次，这才和他进行了细致的沟通。当我们拿出了完整的企划方案，并将代工工厂的实力一一展示后，他才最终答应加入我们。他的一句话，至今我都记得："加入你们，绝不是因为工资，而是我觉得你们很有诚意，我也想制作真正属于中国自主品牌的耳机！"

有了大师的坐镇，很快他的徒弟小C也加入了我们的团队。发展到今天，我们的技术小组也出现过一定的人员波动，但这4个人一直走到了今天。现在，四人小组已经非常稳定，大师从框架入手制订完整的方案，其他三人各自发挥优势，不断创造奇迹。当然，我也感谢那些来过的又离开的成员，他们同样为了这款耳机的推出，奉献了所有的才华！

这样的故事分享，既表现出了团队的专业态度，又透露了品牌的精神追求。目标客户看到后，既会对品质感到放心，也会意识到这是一个真正脚踏实地的团队，因此愿意购买品牌产品，成为品牌的粉丝。

团队是一个整体，有时候很难像讲述创始人的故事一样做到面面俱到；所以，我们必须把握团队的核心价值，尽可能放大优势。例如，团队有多少专业级别人才、曾经有过怎样的经验、大家是如何走到一起的……通过故事，将这些内容展示出来，这就是对品牌实力的一次证明。

3.4.2 每个人都是故事讲述人

团队，由一个个不同的人组成。每个人进入团队的时间不同，所担任的职务不同，因此对于品牌的评价也不尽相同。所以，想要分享团队的故事，我们就应当引导每一名团队成员都成为故事讲述人，讲述他们在团队中的点点滴滴。这样，微商团队的故事将会更丰富、更可信。

那么，用怎样的方式，才能达到“每个人都是故事讲述人”的目的？要求所有成员轮流出镜显然是不现实的。但是，只要灵活运用社交平台，如博客就能很好地达到目的。

H公司是某国的大型通信服务商，有近300个工作团队。总公司创建了一个大型博客，每个工作团队都能登录，并实名撰写各类文章，包括工作心得、生活心得等。经过几年的时间，这个博客系统累积文章达到70多万篇，评论超过1万条，并且保持了每天都在更新的状态。

网友们也可以随时点击查阅这些内容，很多用户表示，他们就是通过这些博客的分享，才了解到了这家公司的专业，还有一系列有趣的故事。不少加入H公司的新员工，曾经都是这个博客的粉丝。当他们看到了这些故事，也产生了想要加入的想法，最终成了H公司的一位员工。

到了每年年底，这家公司还通过博客整理出最具代表性的文章，然后按照类型分章，直接印刷成实体书，发放给每一位员工。品牌的铁杆粉丝也有机会通过各种形式的活动，最终获得这本年度博客合集。就这样，这家公司的团队故事、趣闻，通过不同形式在客户群体中不断传播，建立了让人惊讶的企业文化。

在互联网信息如此发达的现在，我们同样可以建立一个“微商团队专属博客”，每一个人都有权限登录后台分享团队故事，并借助微博、微信的快速转发模式，吸引更多的用户进入查阅。

这样一来，每个人既能从自己的角度讲述团队故事，又形成了全新的企业文化活动，客户对品牌产生更加强烈的好感。因为，只有敢于真实表现自己的品牌，才是值得信赖的品牌。

当然，运营思路不一定要局限在博客。我们可以在微信公众号开辟《我们的小故事》栏目，每周更新一次，每名员工轮流撰写。久而久之，内容不断积累，客户不仅能够看到老员工的回顾，还能看到新员工的新鲜视角，整个品牌的形象是多元、立体的，这样的品牌怎么可能不被客户喜爱？

3.4.3 无声也是一种语言

讲述故事，不一定必须使用声音或文字等手段，才能体现出故事背后的情感。微商团队也是一样，刻意要求成员必须撰写团队故事，有时候不免强人所难，反而引起成员的反感，影响团队的团结。

那么，我们如何才能既不影响团队成员，又达到传播故事的目的呢？

此时，便捷的社交平台就起到了很好的作用：

微博账号的管理员，可以直接走进团队之中，拍摄下团队成员们工作的画面；

微信公众平台的维护员，可以借助手机拍摄一段视频，然后通过平台进行发布；

甚至，创始人可以在公司里直接发起一场直播秀，自己做主持人，带着网友们去看团队工作的点点滴滴。

尽管团队成员并没有说话，但是这一切被所有人看在眼中。这种画面更加真实，对于客户也具更强的吸引力。

归根结底，**一个不能让微商团队成长的品牌，必定没有好的产品；而一**

个没有故事的微商团队，同样创建不出高品格的微商品牌！所以，我们必须挖掘团队的故事，让它成为品牌展示的一个窗口！

3.5 团队中典型人物的故事该怎样讲

大而全的团队故事，可以勾勒出一个品牌的形象框架，但是不够具体、不够细致，不能淋漓尽致地展现团队中每个人的工作状态。所以，在讲述团队故事的同时，不要忘记将目光聚焦在一个个鲜活的个体身上。这些个体，就是团队中的典型人物。

正如我们所看过的那些伟大的电影，视角总是从一个大时代下的小人物入手，这样才会显得更加深刻、亲切和真实。微商故事也是一样，团队中典型人物的故事，是必不可少的。

3.5.1 典型人物开设专栏

通常来说，多数微商品牌在创立初期，团队内都会有一两个人是重点的扶持对象。所谓"重点扶持"，并不是说他们的能力不够优秀，而是说他们身上的故事非常具有戏剧性。

例如，第一个对象是公务员，放弃优越条件做微商，一个月做到大区经理；而第二个对象，一开始连奶粉都买不起，一年后付了房子首付……

总而言之，这种典型人物身上有着很强烈的故事反差，具有非常强烈波动的成长轨迹。而他们就是展现故事的最佳人选。

对于这样的典型人物，我们可以邀请他们在微信公众平台开设个人专栏，不断分享自己的心得体会，分享自己的成长故事。因为他们的故事曲折、生动，就像一本小说一般，可以淋漓尽致地展现一个品牌从小做大的过程，对客户有着很强烈的吸引力。

深圳的某个微商团队，邀请了一名成员开设了《笑看中国化妆品》的专栏。这名成员，曾经是深圳海关的一名工作人员，因为工作的缘故，曾经接触过很多国外大牌化妆品，正品还是赝品，几乎一眼就可以辨认。而她的专栏，就是从过去的工作开始入手，和客户分享了很多代购化妆品行业的趣事和规则；同时，她也结合本品牌的产品，告诉大家如何选择真正适合自己的化妆品。她的专栏风趣幽默，同时还有很多普通人并不了解的化妆品内幕，因此阅读量和转发量极高。凭借着这个专栏，品牌也积累了非常多的粉丝，每次新品上市，几乎都在一天之内抢购一空。

事实上，邀请典型人物开设专栏，正是品牌培养“网红”的一个过程。在这个过程中，品牌形象和价值不仅通过典型人物的撰写得到传播，他们本人也获得了人气的积累，逐渐成为网络红人。当这种积累达到一定规模时，就会爆发出强大的能量反哺品牌，让品牌同样具备“网红特质”，进一步提升品牌的含金量！

3.5.2 让每个人都有机会成为“典型人物”

每一个人，都有自己的特质；每一个人，都有自己的故事。

在微商团队之中的每个人都有机会成为“典型人物”，所以，品牌应当提供这样的机会，哪怕仅仅只是一天的明星，也要尽可能让每位成员都能展现自我，展现在团队工作中的状态。一方面，这是为了满足每一个人的虚荣心；另一方面，也是为了让客户更加清楚团队的工作模式、工作氛围，从而建立更为完整的品牌印象。

那么哪些手段，可以实现这个目的呢？

1. 给每位成员布置“命题作文”

为了让每位成员都有机会展现自我，品牌应当制定命题作文，告诉每一位成员：品牌需要你，展现出最真实的自己。每个人一旦被选中，就可以成为当月的“内部明星”，在微信公众号发布一次专栏文章，或是成为创始人直播秀的特约嘉宾，与粉丝面对面地进行交流互动。

当然，这里所说的“命题作文”，并非是真的确定题目，而是应当划分一个较为精准的范围，让员工可以进行准备。至于命题范围，不妨根据每一位成员的特质进行：性格活泼的人，可以准备团队内的趣事集锦；性格较为严谨的人，可以策划一期“××× 之我见”，用客观的态度做评述。每个人都能发挥出自己的特质，那么品牌故事就会从不同维度进行展开、进行传播。

2. 鼓励每一个成员展现自我

很多微商团队的成员不是没有故事，而是因为各种各样的原因，不愿意表达自我。为了鼓励每个人展现内心，微商团队应当定期举办内部活动，或是 KTV 聚会，或是游戏活动，尽可能让每个人都能展现出自己的特质。只有成员愿意打开心扉，敢于和他人分享内心，他才愿意讲出自己的故事。

3.5.3 不要忽视代理商的故事

还有一个群体同样是微商团队的重要组成部分，那就是品牌代理商。很多时候，决定品牌高度的，正是微商代理商。代理商通过不断渠道下潜、开拓新客户，最终创造出了实实在在的销售业绩。所以，在分享团队典型人物的故事之时，千万不要忽略他们的重要性。

讲述代理商的故事，通常我们可以从以下 3 个角度入手，如图 3-3 所示。

1. 自身财富故事

主要侧重于代理商通过与品牌的合作，如何实现致富梦想。这类故事通常会带有一定的营销技巧，这是很多客户非常关注的。当他们看到代理商通过品牌合作实现财富梦想，必然会对品牌竖起大拇指，认定这是一个值得信赖的品牌。

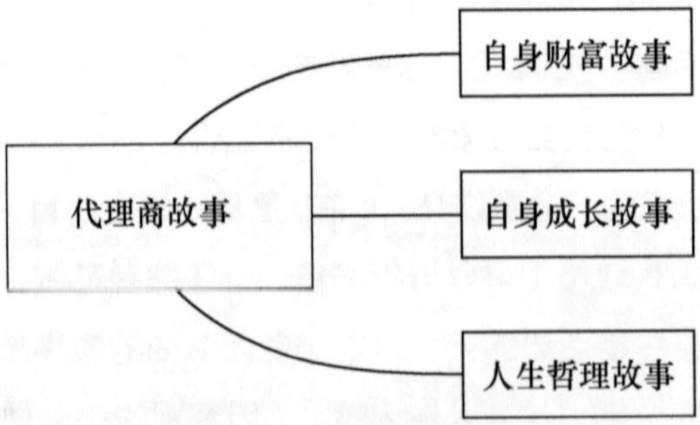

图 3-3 代理商故事的类型

2. 自身成长故事

代理商从一开始的懵懂，到逐渐学习如何经营微商、如何与客户沟通、如何建立自己的团队，体现出了自身成长的轨迹。这种励志故事，很受读者的喜爱。

3. 人生哲理故事

在讲述自我故事的过程中，代理商会不断用反思、总结的语言，提炼人生的每一步，从而呈现出哲理。这类故事对情感细腻的人具有很强的杀伤力。

当然，多数时候，代理商的个人故事会囊括这 3 个方面，形成交叉的效果。这种典型个人的故事，不仅有助于品牌形象的提升，还会吸引更多人加入品牌，成为代理商。

我叫 ××，是一个“90 后”姑娘，来自四川。大学毕业后的我，在广州这座大城市打拼。那时候我的工资很低，住的是城中村，和《蜗居》里的情况差不多。夏天的广州非常热，我一个女孩子不得不睡在楼顶，吓得半夜一身冷汗。

为了改变生活现状，2014 年，我第一次开始尝试微商创业。虽然那个时候，我并不知道这个名字，甚至有些排斥在朋友圈、QQ 空间发布广告，但是为了更好地生活，我必须选择低头。

因为我是女孩子，所以一开始我选择的方向是化妆品。我从网上找了很多品牌，包括推广技巧，但仍一头雾水。虽然很努力，但是效果一直不好，我甚至有了放弃的想法。

后来，我的一个朋友给我推荐了 ××× 品牌，这是一个在广州诞生的化妆品品牌。抱着试试看的态度，我来到了这家公司。我没有着急代理，而是先购买了一盒试用，很快我脸上的痘痘消失了。这时候，我才开始进行代理。产品、授权书陆续寄到了家里，但是该怎么经营，我又一次陷入了迷茫。

让我很意外的是，几天后 ××× 品牌直接给我打来了电话，咨询我项目开展的情况。当我说出了内心的忧虑后，公司直接邀请我到总部，免费参加培训课。这次为期 20 天的培训课，甚至让我觉得比大学四年学到的东西还要多。什么是微信营销、什么是吸粉策略……这些我过去从来没有听说过的词，就这样走进了我的生活之中。我也从一开始的懵懂，变得逐渐了解，掌握了更为丰富的营销技巧！

慢慢地，我做出了一些成绩，而品牌的培训课程，我也一直参加。我开始摸索到了门路，并渐渐成为区域代理，也接触到了更多微商大咖。现在的我，每月收入可以达到 7000 元左右，虽然和很多大咖相比还很少，但是我知道，只要肯付出，那么美好的明天一定会属于自己！

这是一名女孩在自己博客写下的文章，配合一系列真实的图片，被微商品牌第一时间转发，很快就引发了诸多网友的讨论。一个小姑娘的成长跃然纸上，而她背后的微商品牌，自然也得到了传播，形象进一步提升。所以，千万不要忽视代理商身上的故事，他们同样是团队组成的重要一分子！

Part 4

微商产品如何通过活动提升品牌力

4.1 选择合适的活动，强势参与

如何维护品牌形象，如何提升品牌的存在感，如何保证品牌的曝光率？最有效的手段，就是借助各种形式的活动，不断出现在目标客户群的视线之中。和单纯的个体推广相比较，活动具有更强的话题、更高的关注度、更优势的营销组合，如图 4-1 所示。这就是为什么红花郎、天王表等传统品牌，会不断参与中央电视台的各种大型活动，或是冠名，或是赞助，期望借助活动的模式，用产品进一步打开市场，提升品牌形象。

1. 更强的话题性

无论何种类型的活动，都会有一个精准的主题，如颁奖礼、网友线下聚会等。精准的活动，聚集了精准的粉丝群体，话题更为集中，很容易形成完整的互联网热点。例如，一场户外达人举办的骑行活动，必然会在相关论坛、社交平台发布相关内容，如骑行见闻、沿途风景等，一个个精彩的内容就此诞生。而微商产品一旦介入这样的活动，也会成为话题讨论的一部分，并且如能结合活动性质，挖掘产品的深层属性，还可以让产品的特质更为突出。

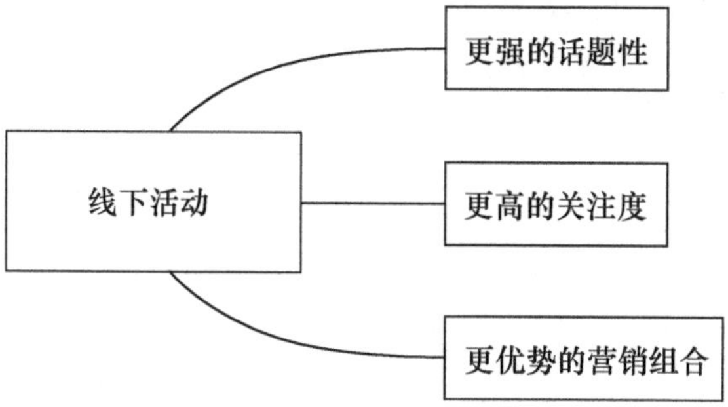

图 4-1　线下活动的优势

2. 更高的关注度

正是因为活动具有定位精准人群的特点，倘若产品与活动的气质相符合，就会立刻形成讨论热点。活动持续升温，产品的关注度也随之不断提升。

2016 年，某知名网站在北京发起了一场影迷见面会。这场见面会的主题是“那些年，我们走过的爱情”，放映了 5 部爱情经典电影，吸引了数千名观影者参与。而一个主打电影文化的 DIY 工艺微商品牌与活动进行合作，观影者有机会通过抽奖获得电影主题吊坠，还能享受 7 折购买优惠。借助这个活动，该品牌在影迷群体中迅速打开知名度，每天都有不下百名的电影爱好者到微店选购产品。

同时，绝大多数的活动都会在论坛、网站发布相应的新闻稿和传播稿，借助文案，品牌产品能得到最大限度的传播。

3. 更优势的营销组合

微商产品还能借助活动形成更好的营销组合。通常来说，作为组织方之一，活动发起方会针对品牌的特质，结合活动设计营销方案，如这场观影会就通过“电影”这个主题，让产品得到了更好的展示；同时，很多活动不仅仅只有一个品牌组织方，多个品牌进行交叉营销远比品牌单打独斗的效果要好得多，尤其当两个品牌具有互补效应时，借助活动的不断拓展，会达到增加销售、提升品牌气质的目的。

2016年中旬，某地户外骑行组织举办户外活动。这场活动吸引了一家自行车品牌和一个户外用具品牌的参与。这两家品牌迅速建立合作模式，活动由两家企业共同冠名，自行车品牌提供自行车，户外品牌提供用具，两家团队共享，从色彩到外形做到了统一。这场活动最终完美举行，自行车企业在销售产品时配送户外用具，而户外用具购买者也可以享受专属价格购买自行车。两家品牌分别获得了收益，并建立了长期的合作关系。

借助活动提升品牌力、提升产品销量，对微商发展来说大有帮助。找到适合品牌参与的活动，积极参与其中，最终的收获要远大于品牌单打独斗的效果。对于微商来说，哪些活动最适合进行品牌推广和产品推介呢？

4.1.1 活动冠名、赞助

绝大多数的活动都会在正式启动之前，发起冠名、赞助等事宜，吸引品牌成为活动的组织方之一。这是品牌参与活动最直接、最有效的方式。

一般来说，活动冠名商的价格较为昂贵，但是所获得的回报也最为丰富。首先，活动的新闻通稿、现场布景、媒介宣传等，都会加上冠名商的名称和LOGO，最大限度地传播冠名商品牌；其次，活动开始后，冠名商也会有专门的环节，进行品牌展示和产品推介；再次，部分活动还会为冠名商提供周边、后续服务，如现场大屏播放品牌宣传片、活动预热企业采访、活动结束后针对冠名商举办沙龙聚会等。对于急需提高品牌影响力、将产品推广至全国的品牌来说，冠名的作用非常明显。

与冠名商相比，赞助商的资金投入会较低一些，但回报也会略为减少。

通常企业的标识、LOGO 并不会在传播稿件标题中凸显，而是隐藏于内文之中；同时，现场搭建、现场道具也会比主赞助商少了一些。不过，赞助模式更具性价比，这对于初期开拓市场的品牌来说，不失为一个好选择。

无论冠名还是赞助，我们都应当遵循这样一个原则：**规模越大、范围越广，参与的必要性就越大**。倘若活动还有大量媒体前来报道，并有明星、行业领袖亲自参与，那么这样的机会更是不能轻易错过。借助活动的广泛传播，我们的产品、品牌就可以得到迅速推广与宣传。

4.1.2 社会媒体举办的招商会

越来越多的城市都会定期举办一些大型招商说明会，为一些立志创业的人搭建平台。而在近年，“微商联盟招商会”更是成为主流。这种招商会通常会在体育馆这样的场地举行，各个商家可以租赁展示位，并进行展示。

对于这样的招商会，微商品牌应当多多关注、积极参与。尤其是政府部门牵头举办的活动，通常还会有相关新闻媒体前来报道，这也是我们重要的推广渠道——一旦我们的品牌通过报纸、电视被写入新闻，那么就会产生很好的社会话题。

与此同时，这种综合类招商会，主办方通常还会制作相关的宣传手册，各家可以按照需求进行页面展示。所以，如果价钱合理，就应该进行投放。越是公信力高的平台，平台的曝光价值就越高，越能吸引人的关注。

当然不要忘了，即便我们的展示位不大，但依然需要将易拉宝、海报、宣传手册等提前准备好。如果是自主品牌，一定要做到完整、完善，从企业文化到产品名册，尽可能做到应有尽有，让参会者看到就能立刻留下深刻的印象。

如果我们是代理商，可以直接与品牌总部取得联系，提出进行宣传支援的请求。任何一个品牌都希望自己的影响力能够快速拓展，品牌总部大都愿意配合需求，提供更为全面的图片、文字资料、视频等。

4.1.3 联合活动：产品传播更集中

对于一些刚刚建立的微商品牌来说，立刻进行活动冠名、参加大型招商会，既会造成较大的资金压力，同时也因为产品不够丰富，传播内容较狭窄，反而不利于建立品牌形象。这个时候，我们不妨加入一些联合活动，针对重点产品进行重点传播，同样也能起到很好的效果。

2016年，武汉的一家微摄影机构得知某婚庆公司将在情人节当天举办大型露天活动，立刻与主办方取得联系，想要参与这场活动。最终，这家机构作为现场独家摄影品牌参与，可以在现场摆放X展架等，为品牌进行宣传，同时现场照片可以用于商业宣传。为了这场活动，这家微摄影机构派出了所有精英，拍摄了一组非常漂亮的现场图集。凭借着主办方在平台的不断传播，这家微摄影机构开始被武汉市民熟知，活动结束后立刻接到了10对新人的订单。

对于刚刚起步的品牌来说，这样的联合活动尽管并不能获得其主导权，但是只要能够有充分的渠道展示产品、展示品牌，那么就应当积极参与。借助平台的力量打开局面，远比品牌单枪匹马去战斗要更有效果，更具传播力。

4.2 抢风头，上头条

营销宣传，讲究的是“抢”。有活动，凭借着合作成为互联网热点；没有活动，我们就需要学会“抢风头”，牢牢紧跟社会热点潮流，让品牌始终处于不断曝光的阶段。在微商领域，有这样一句名言：**抓住热点借势营销，才能让品牌真正被网友关注，被用户记住**。那么，我们该如何抓住风头，抢占头条呢？

紧紧把握以下 4 个原则，微商品牌就能实现“抢风头，上头条”的目的。

4.2.1 话题性：让品牌始终跟随潮流

微商借势的第一个原则，就是事件非常具备话题性。这一点其实很好判断，只要打开百度主页，即可看到当前热词；同时，微博也提供了热门话题排行榜，这些内容，都是时下最有话题性的内容。只要我们能够紧紧跟随这些话题做发挥，很容易就会引发网友的互动和关注。

对于那些极具话题性的事件，只要我们站在自己的角度进行独特、有趣的评论，那么所得到的关注会比平常高出数倍。“紧跟潮流”是新媒体运营的第一法则，微商团队同样必须严格遵循。当品牌社交平台呈现的内容是网友们乐于见到、乐于讨论的时候，用户就会转发，让品牌在互联网中进行传播！

4.2.2 争议性：让话题变得更加爆炸

争议性同样是热点事件的一个突出表现。倘若一件事网友们的意见呈一边倒的趋势，那么就预示着这件事很快就会平息，不能形成更有意思的观点。但是，如果这个事件充满争议，那么网友的讨论热情就会激增！

2016 年，娱乐圈最热的新闻是张靓颖与冯柯的故事。张妈妈亲自上阵，不断向媒体爆料，而张靓颖似乎也表现出了对妈妈的逆反，网友们纷纷站队，激烈讨论。就在网友们针对这件事进行热烈讨论之时，突然某个微商品牌发布了这样一条信息：“说穿了，这是张靓颖一家对于情感的处理还是太不成熟！难道，我们必须让家庭事件变得公众话题才高兴吗？如果你懂得家庭处理的方式，那么这些事怎么会产生这样强烈的影响？”

这个品牌在这条长微信之下植入了广告：家庭幸福微课程。结果，很多人看后咨询并报名参加。一次热点事件给这个品牌带来了上千个新粉丝！

只有充满话题性的热点事件，才会引发不同的争论。所以，**出现了具有强烈争议的事件时，微商品牌一定要快速分析，找到和自己品牌相结合的点，然后不断传播！**

4.2.3 延展性：让热点话题进一步分裂

所谓延展性，就是对一件事的讨论，从最初的现象，可以发展出更多深层次的讨论。例如，当 papi 酱获得 1200 万元投资，到其第一条视频贴片广告的拍卖，一开始我们关注的主体是 papi 酱；但随着话题的深入讨论，网红经济、粉丝经济、社群模式成为焦点，一个话题得到多角度的解读。

微商品牌同样可以如此，借助热点事件不断深度挖掘，让话题进一步扩展，并向自己的品牌靠拢。这种延展性，不仅会给网友带来全新的思考，形成新的话题讨论，还使品牌的形象也得到了全方位提升。客户会意识到：这款产品的背后，其实凝结着更深层次的思考。

2016 年，智能围棋程序阿尔法狗横空出世，先是在年初横扫韩国选手李世石，又在年底通过升级版，豪取 60 连胜，这其中全部为职业棋手，就连当今世界第一名的柯洁也被挑落马下，一时间成为互联网的热门话题。

很多人都在讨论，阿尔法狗究竟有怎样的潜质？这时候，一个微商智能产品品牌接连在微信公众号撰写文章，不再仅仅局限于围棋，而是重点阐述智能生活对未来的改变。他们用非常专业的、有深度的文章，解析了智能生活的走向，并不断推介自己的产品，在最终得出了这样的结论：未来，智能不会战胜人类，但是它们会解放人类。许多事情只需智能程序即可完成。

系列文章的专业和高瞻远瞩引发了朋友圈的又一次刷屏。而他们凭借着这次精准的热点把握和话题延展，成功将自己的产品推送至市场，并奠定了“智能科技典范”的品牌形象。

4.2.4 传播性：让品牌变得更有趣

热点事件的传播性，往往意味着品牌的有趣和不寻常。

社会热点结合产品特点，趣味十足，对于社会热点的把握，就在于再加工、再创造，融入自身产品的特点，形成趣味性话题，进一步提升传播的效果。脱胎于热点事件，但又跳出热点事件的范畴。

微商品牌同样可以借鉴这样的思路，给产品带来趣味化的特点。例如，“友谊的小船说翻就翻”走俏之时，我们可以对其进行改编，将产品植入其中，让品牌变得活泼有趣；也可以将产品放置于一段热门电影之中，产生不一样的喜剧效果。只要好玩、不寻常，那么它的传播就会飞速进行。

这 4 个思路，都是借势营销的重要手段。所以，当遇到了互联网热门话题时，千万不要轻易放手，多从产品、品牌角度挖掘可以契合的内容，第一时间发布，并号召用户转发，那么品牌的知名度就会迅速打响！

4.3 如何自己做局，办一场有影响力的活动

选择合适的活动、借助社会热点，这些手段可以达到提升品牌影响力的目的。但是，缺点也显而易见——品牌并非活动发起方和组织方，很多环节不免受到限制，不能很好地传播品牌。有时候甚至还会出现“为他人作嫁衣裳”的局面——一场活动下来，真正受益的是其他品牌方！

所以，当我们借助其他活动，对活动举办有了一定经验之后，就应当尝试自己做局，办一场真正属于自己的活动，全方位提升品牌的影响力。只有自己拿到主动权，这场活动才能真正服务品牌。想要独立举办有影响力的活动，必须了解活动有哪些类型，如图 4-2 所示。

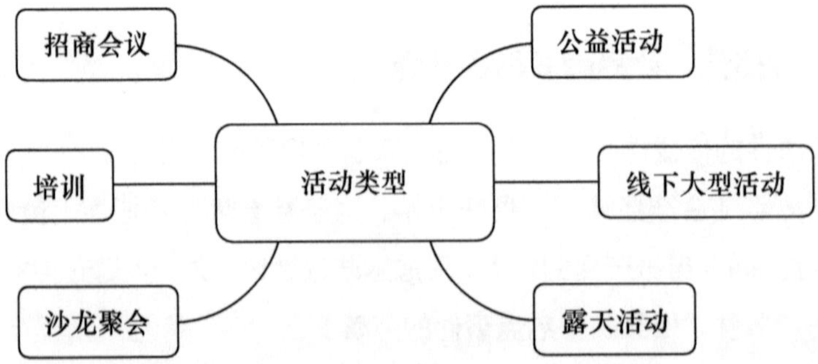

图 4-2 活动类型

不同的活动类型有不同特点，尤其对于影响力的活动类型，更要细致了解。

4.3.1 招商会议

对于急需进行代理模式发展的品牌来说，招商会议是绝对不可错过的活动。而招商会议能否达到预期效果，一个关键的因素就在于场地是否高端。场地越是高端，吸引媒体、行业的关注就越多。试想，我们的招商会议在一个不知名酒店的大厅举行，那么加盟商为什么要相信这个品牌的实力？

就在 2015 年，一个微商品牌在北大百年礼堂召开了全球招商会议。这个会议，吸引了行业高端专家的集体出席，甚至还邀请到了国家相关行业领导亲自莅临。一下子，这个品牌得到了广泛关注，仅当天便成功签约近百家。

北大百年礼堂象征着中国文化的最高层面，一个微商品牌可以在这里举办招商会议，意味着它具备了非常深厚的实力。所以，招商范围越大，选择场地应该越是高端，只有这样才能形成新闻事件、热门话题。

4.3.2 培训

培训活动同样可以引起非常大的关注度，尤其是借助互联网平台。对于成熟的微商平台，应当建立针对加盟商的培训机制，并让课程标准化、系列化、长期化，每周固定时间，在 YY 语音、QQ 群中展开大规模的培训课程。一旦加盟商从中不断汲取各种知识，并可以直接应用于微商事业，那么他们就会主动宣传品牌、宣传培训课程，让品牌形成病毒式传播。

与此同时，品牌方也应当积极行动，努力扩大培训的影响力。例如，品牌微博的操作者，应当通过社交平台，不断通知所有人参与讨论。在活动临近开始前，应当逐个通知代理商，发布详细的活动内容、活动时间。尤其在活动开始的前两个小时，更应当在官方微博不断发起“倒计时”，用一种紧迫感提示代理商：内训马上开始，错过了是一辈子的遗憾！

相较大型招商会议，培训的影响力也许在短期内不能与之相比，但它所呈现的长期化特征，却是招商会议不能比拟的。试想，当我们一开始只有 10 名代理时，自然影响力有限。但是，如果 10 名代理通过培训创造了辉煌，吸引 30 名代理加入时，那么效果是否会明显提升？当培训人数突破上千，甚至需要建立多个小组、每天进行不同的课程培训，已经建立了入门、中级、高级、顶级等不同系列的课程时，那么此时的影响力会产生怎样的爆炸效果？一个对未来有追求的微商品牌，必然会通过培训活动提升品牌影响力。

4.3.3 沙龙聚会

沙龙聚会的发起，主要针对品牌忠实粉丝。这种聚会，形式可以多种多样：读书会、KTV 聚会、相亲会等，目的就是给粉丝们创造一个交流的空间，让用户直接升级为“铁粉”。

举办沙龙聚会活动，正是为了建设社群文化。移动互联网时代，社群的意义愈发凸显，借助社群成员的彼此互动、社交平台的广泛交流，产品的形象会更加多元化，不再只是冰冷的产品，而是成为维系感情的纽带。所以，当品牌的第一批粉丝出现之时，就应当定期发起社群活动。这就是小米能够创造奇迹的核心原因所在——同城会、米粉节、线上活动……各种沙龙聚会，创造出了小米的文化内核：交流互助。所以，小米的粉丝是最忠诚的。

4.3.4 公益活动

积极参与公益活动同样可以提升品牌影响力，尤其是品牌的人文情怀。很多微商品牌都是公益活动的积极参与者，用自己的爱心，树立了微商新榜样，不仅让很多人放下了对微商的成见，更让品牌形象变得高端、大气。

2016 年，乐恩星梦国际团队创始人孟佳丽投身于公益活动中。她带领自己的团队 20 多人，走访了陕西礼泉县的昭陵社区、昭陵镇、叱干镇等 21 户贫困家庭和孤寡老人，为他们送去米、面、油、衣服等过冬物资。孟佳丽说："我们身为社会中的一分子，通过微商企业拥有了帮助别人的能力，我希望自己带领的团队可以做更多力所能及的社会公益活动，让他们感受到来自社会的关爱和温暖。"这件事在微商领域传为佳话，而孟佳丽也被称为"最美微商女神"！

参加公益活动应当是真心实意的。互联网上经常爆出这样的新闻：某些品牌为了提升形象，主动参加各种公益活动；但活动结束后，却要求主办方将捐助的财物返还，被曝光后引起网友们的口诛笔伐。这种以公益做幌子的心态，是万万不可有的。做公益活动，的确可以提升客户对品牌的好感度，但是其初衷应该是实现品牌的社会责任，为社会贡献自己的力量。

4.3.5 线下大型活动

与招商会议相似的是，线下大型活动中的场地同样起到了至关重要的作用。来看这样一则新闻。

2016 年 7 月 27 日，一场声势浩大的新闻发布会在北京人民大会堂召开。

来自中国针织行业协会、地方驻京办事处的领导、百余家媒体记者以及社会名流、微商大咖等百余名特邀嘉宾，共同见证“这个冬天不太冷——××新产品新模式发布会”。

为什么这场活动能够吸引行业协会领导、百余名媒体的集体关注？是因为这次活动的发布场地是人民大会堂。可以说，这象征着中国商务活动的最高档次。正是因为这样举足轻重的活动现场，无论客户、加盟商还是行业内其他企业，都会产生这样一种感受——这个品牌的实力非常强。

而同行业内其他品牌的新品发布活动通常只在酒店、会所等举办，对比之下高下立判。所以，对于线下大型活动，选择场地至关重要，尽可能实现“高大上”，这样才能真正体现出品牌的实力和价值！

4.3.6 露天活动

对于主打本地市场、区域市场的微商品牌来说，露天活动对产品的推介和品牌的推广非常有利。例如，想要推广“微按摩”，客户可以通过微信公众号预订，技师亲自上门服务，可以在区域内的大型广场发起“现场按摩体验”活动，搭建舞台，并让技师现场为观众按摩，让他们体验专业服务。

当然，想让这场活动达到最佳效果，在活动开始前，我们就应当通过社交平台发布预告，同时将海报等张贴在区域内的超市、餐饮店中，尽可能让受众群提前看到；同时，宣传单页也应当及时派发，尤其是对目标客户群——老年人、白领。而在活动现场，也应当在明显位置说明我们的“微按摩”品牌特色是什么、技师团队的实力，并提供二维码，让目标客户快速关注公众号。主持人应当把握现场气氛，不断掀起高潮，让这个活动成为区域内的热门话题。我们还可以借助这次活动，提供“福利大礼包”——首次关注并预约技师，享受5折体验；拍摄现场图集并转发到朋友圈，有精美礼品相送……让客户在现场既能感受到品牌的魅力，又能从中得到实打实的优惠。

4.4 借势活动，利用名人效应

还有一类活动形式更为灵活、效果也更为明显，那就是借势活动。所谓借势，就是借助“贵人”之力，凭借其影响力不断打开产品市场，如微商大咖、电商达人、网红、同行，只有建立信任机制，彼此才能实现双赢。

仔细观察，我们就会发现传统行业有太多品牌依靠名人打开市场。例如，恒大地产，每一处开盘都会邀请知名明星前来参加开盘活动，借助明星效应，恒大的市场热度、话题度迅速提升。微商该如何利用名人效应发起借势活动呢？

4.4.1 借势微商大咖：与微商大咖同框

所谓微商大咖，即微商领域内的红人，他们多数很早从事微商事业，已经有了非常高的行业知名度，旗下品牌众多，并兼任多个微商协会的理事、会员等，如微谷圈子的核心人物都是微商界大咖，每个人都有极大的影响力。

借势微商大咖，并不是说邀请微商大咖做品牌代言，因为事实上很多大咖的经营范围，和我们是相同的。借势大咖的主要形式就在于能够与“大咖同框”，借助微商大咖的知名度和影响力，提升自身的品牌价值。

阿翔是一名澳门人，2015 年来到内地，开展微商生意。他的产品是澳门的特色小吃。为了拓展代理模式，他放弃了传统的酒店招商，直接将招商会议放在了公司内部。当那些抱着“瞧瞧看”心态的准代理商来到公司，赫然发现原来阿翔并非微商新人，他的办公室内有着数十张和知名微商大咖的合影。一问才知，原来阿翔很早就关注着内地的微商领域，而这些大咖到澳门出差、旅游时，他的公司是当地指定的接待公司。看到这些合影，很多准代理人都吃了一颗定心丸，纷纷选择与他签署合作合同。

我们该如何找到这么多的大咖，并与他们同框呢？最好的方法就是多参加圈子、行业内部的聚会，尽可能与行业高端人士建立联系。尤其在每年年中、年末之时，微商行业通常都会举办各种峰会，品牌创始人要尽可能多参加、多互动，在现场展现自我。这样，我们才有可能与大咖们近距离接触并合影留念。

4.4.2 借势电商达人：让产品成为活动焦点

电商达人的范畴非常广，知名代购、电商平台运营者、淘宝明星店铺红人……无论有着怎样不同的身份，他们都有一个共同特点：**具有很高的知名度，会对消费者产生强大的影响。**

例如，知名代购所发布的代购产品信息，通常会立刻吸引众多粉丝购买，堪称粉丝购物的风向标。从某种意义上说，电商达人代表着客户的共同心理，他所喜欢的产品，基本上都能满足绝大多数客户的诉求。

正因为如此，要借助达人的影响力，拓展产品销售市场。电商达人通常会定期发布购物活动、购物节，精选最值得购买的产品推送给粉丝。因此，我们应当在这样的活动期间与电商达人进行合作，让我们的产品成为当期主推产品。一旦电商达人愿意为我们推荐，产品销售就会呈现井喷之势。

4.4.3 借势网红：让网红成为传播渠道

网红的力量毋庸置疑，借势网红，产品可以实现销售奇迹。借势网红，并非只能邀请她们成为代言人，还可以将产品植入网红的生活之中，让网红在与粉丝互动交流之时，展现产品的特质。

某网红是直播平台的知名唱歌红人，拥有几万名粉丝。一个主打“网红K歌设备”的微商品牌主动找到了她并无偿为其升级全部K歌设备，但需要将新设备的LOGO展示并进行适当推荐。这名网红在设备升级后展现出的状态让粉丝们更为惊喜。

不少粉丝直接弹幕询问："新设备是什么品牌？能否推荐购买？"这名网红说出了这款产品的品牌并留下购买方式。她还向粉丝们表示："如果购买时说出你是我的粉丝，还会有专属礼品相送！"

凭借网红的活动推荐，这个微商品牌迅速成为直播室K歌设备的一线供应商。

借势网红，就是指借助网红的影响力，实现粉丝经济的变现和品牌传播。当然，网红微博、微信、贴吧等都是传播的重点方向。只要能够与网红建立合作关系，那么产品推广的速度就会倍增。

4.4.4 借势同行：品牌之间的互推！

同行与同行之间，同样可以互推，尤其是当我们刚刚创建微商品牌之时，倘若有友商推送，很容易打开局面。

同行互推，可以有效实现"优势互补"。这种互补几乎无所不在：卖的是电子产品，那么做手机壳的朋友能否互推？卖绿色食品，那么能否借助朋友的健康食品进行优势互推？只要我们能够与对方形成优势互补，在我们帮助他推送产品之时，他们也能帮助我们进行产品销售，很快就能打开市场局面。

当然，也许我们身边并没有做微商的朋友。但我们可以找到互推的同行。几乎每个城市都有"微商联盟"，多数品牌有着非常强烈的互推愿望；同时，互联网上也有众多联盟存在，只要多加考察，找到规范、专业的机构，那么建立品牌互推机制，彼此借势营销就不是难题。

4.5 活动中的营销信息如何巧妙植入

不同类型的活动都会有相应的宣传展位、宣传展架等。但是，仅仅依靠这些渠道，营销信息的传播还不够精准，有时候参会人员不免有所忽视。所以，我们应当使用更丰富的手段，将营销信息巧妙植入，做到“随风潜入夜，润物细无声”。让无论目标群体在哪里都能感受品牌的存在。

4.5.1 给参与者带来福利

一份福利从天而降，所有人都会欣喜若狂，并愿意接受相应的营销信息推送。这就是为什么微博上发起的春节品牌红包活动会引起网友们的广泛参与——如果能得到实惠，那么接受一定的商业推广也无妨。

在活动中进行营销推广最有效的手段，就是给参与者带来福利，例如，扫码有礼的活动，就能够轻松将产品信息、品牌信息推送给参与者。

扫码有礼的形式多样，如X展架展示、海报展示、摊位促销展示等。扫码有礼的核心就在于“礼”。为什么很多微商在不同活动现场发布了自己的信息，但扫描者却寥寥无几？因为客户没有感受到吸引力，我们没有耐克、联想那么高的品牌知名度，无法满足人们普遍有的“占便宜”心理，那么引流就会难上加难。

首先，扫码有礼需要的是设定好回馈机制。扫描会得到什么实物赠送，未来还会有哪些礼品相赠；其次，扫描流程应当简要说明，以方便那些还不擅长使用智能手机的用户；最后，则是在画面中简要说明自己的产品或服务，让用户在看到受益的同时，认识我们的品牌或产品。

4.5.2 活动主题 T 恤

对于主打年轻群体的微商品牌来说，因为受众群主要为年轻人，追逐时尚、潮流和姿态感。尤其在活动现场，如果所有人呈现出同样一种姿态之时，他们对于品牌的归属感就会更为强烈。

我们该如何创造这样一种氛围？毫无疑问，活动主题 T 恤就能很好地实现目的。T 恤的精髓在于 DIY——可以将喜爱的口号、画面直接印于衣服表面，是彰显自我、体现个性的重要渠道。而观察那些大品牌的粉丝见面会、线下活动等，都可以发现：几乎所有粉丝，都穿着品牌的主题 T 恤登场！无论微软还是小米，统一的 T 恤直接点燃了活动气氛，更传递了品牌文化与追求。

为什么统一的活动主题 T 恤可以实现营销信息的巧妙植入？主题 T 恤带来的价值如图 4-3 所示。

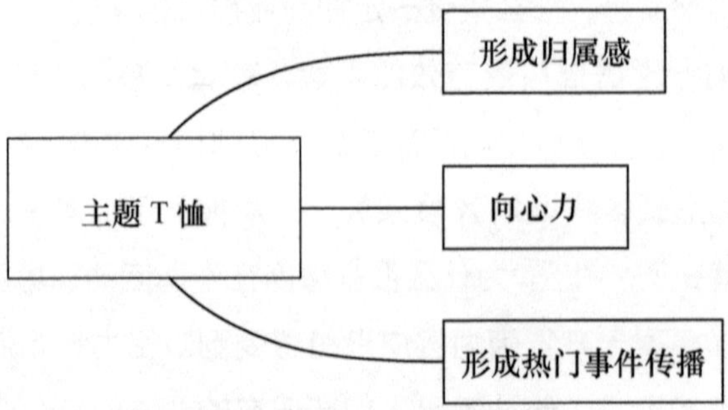

图 4-3　主题 T 恤带来的价值

首先，参会人员看到彼此的 T 恤一致，会形成归属感，认为自己找到了组织。而这种情绪的诞生，正源于体恤上统一 LOGO、统一标语，无形之中，令他们加深了对品牌的认同感。

其次，即便没有参加现场活动，通过现场视频、现场图集，网友也会感受到统一氛围带来的向心力。未来，他们会主动关注品牌的动向，期望有一天自己也能够加入组织。

最后，统一的 T 恤着装会形成热门事件传播。新闻媒体、网友都会关注这次活动，即便不了解该品牌的网友也会问：这是什么品牌，居然有如此多的粉丝？从不了解到了解，从了解到喜爱，一位路人就此成了品牌粉丝。

4.5.3 二维码文案标签

二维码是微商必不可少的推广利器。借助二维码，客户可以轻松进入购物平台、微信公众平台、微信群、QQ 群等，可以说，二维码架起了品牌与客户最紧密的桥梁。

同时，二维码也能够轻松印在 X 展架、宣传单页上，形成营销引流渠道。所以，微商品牌在参与活动之中，必须巧妙引入二维码文案标签，让客户轻松找到我们。

不干胶标签，既展示了二维码、电话，同时又有一定的文案配合，并且整个画面非常协调，因此很容易吸引客户的关注。所以，无论我们赞助的活动是什么，赞助的礼品是什么，始终都不要忘记——让自己的引流信息得到曝光，这样才能达到目的。

4.5.4 论坛的软文置顶

在论坛上发布软文同样是一种活动营销手段。但是我们的帖子混杂于众多主题之中，很快便被新的帖子挤到了第二页、第三页。无时无刻不关注着帖子然后进行顶贴，这显然不现实。这时候，我们就需要通过另一种方法，实现软文持续在热门之中——置顶。

想要进行置顶，首先我们必须联系到该网站。找到网站里“联系我们”的这一项，然后电话咨询，了解相应价格。其次，我们必须对主题进行优化。联合网站发起活动，如“这个春节，让我们寻找青春的定义！”然后将文章、品牌、产品信息等植入其中，这样网友才会有兴趣参加。“无福利，不活动”，这是想要成为置顶帖的基本原则。

同时需要注意的是，部分论坛会在置顶帖中直接说明：本论坛禁止任何商业形式的置顶帖合作。多看看论坛的相关规定，再与站长取得联系，然后策划好能够符合论坛网友的软文主题帖，这样的置顶才是有意义的。否则，即便顺利置顶，但内容却不能刺激到网友的痛点，浏览数、阅读数也会寥寥无几。

4.5.5 娱乐化植入

所谓的娱乐化植入，就是一种软植入。正如很多电影中，当主人公手机突然响起，拿起电话之时，苹果的 LOGO 出现在画面上，这时候我们立刻意识到：原来主人公也是一名果粉！这种娱乐化的软植入，既能与活动场景相融合，又能够进一步凸显产品的特质，因此是非常有效的信息植入手段。

娱乐化植入的核心在于产品能够与场景相吻合，产品成为场景中密不可分的一部分。就像母婴产品之于妈妈聚会，巧妙应用即可打动妈妈们的心；但如果将母婴产品换成打火机，就很难找到精准的场景氛围，即便结合也不免生硬、突兀，让参与者难以留下深刻的印象。所以，在植入之前，我们一定要了解活动的类型、流程、细节，让产品出现在最恰当的时刻，就会起到非常好的营销作用。

Part 5

微商品牌的营销策略

5.1 营销平台不同，品牌形象不同

伴随微商的茁壮成长，营销平台逐渐成为影响品牌形象的重要因素。与微商兴起初期不同，在新的市场战争中，微商的营销绝不能简单等同于“微信营销”“微博营销”，而是面临“平台营销”之争。微商选择适合的营销平台，就如同在移动互联网的广阔市场中取得了良好的展位，能够得到充分曝光。同样，微商只有正确融入平台，才能在市场上享有极高声誉，进而打动消费者，并获得更多的用户。

先来看一个失败的例子。

某健康产品企业效仿竞争者参与了微商竞争。该企业营销总监并没有仔细挑选营销平台，而是直接要求下属注册了企业微信公众号，再利用微信公众号推送广告。为了提高广告覆盖率，他要求全企业员工参与微信公众号的宣传。结果，该企业公众号不考虑用户感受，频繁推送并不吸引人的广告信息，

忽略了沟通的本质，反而对用户造成不必要的干扰，引起了用户很大的反感。最终，不仅公众号的关注数量并没有上升，反而还让品牌形象大打折扣。

这位总监并没有注意到，在新的微信版本中，微信订阅号已经采用折叠方式被隐藏起来，从而让用户的消息列表更为简洁。但正是因为这样的变化，不利于新的微商公众号展示信息，容易被用户有意忽略。

企业跟风进入已经成熟的营销平台，并不一定就能迅速塑造品牌形象。

许多企业在打造微商品牌时，都和该企业犯下同样的错误，而一些个体微商更容易盲目行动。他们的品牌塑造其实是在做给自己看的，而在真正的消费者眼中并没有产生该品牌的形象。微商应该认识到，**无论采取分销模式，还是采取“自产自销”模式，企业核心竞争力应在于平台能否带给微商需要的品牌形象。**

张太原本从事线下的化妆品海淘代购经营，当掌握了一定客户资源之后，她决定扩大自己的品牌形象，而起点就是挑选平台。经过系统全面的对比，张太挑选了“玫瑰派”这一微商平台。

“玫瑰派”属于一站式精品海淘微商城平台，该平台直接和海外品牌商合作，能够为微商提供一手货源，杜绝了美妆行业长期存在的假货问题。张太可以在这个平台上直接代理海外优质的授权美妆平台，由于品牌和产品都能通过平台自身进行运营和管理，因此对产品和价格的运营把控相当有效。在消费者眼中，这些无疑能提高张太的品牌形象。事实上，当张太进入该平台运营微商之后，她的粉丝数量得到了有效增加。

那么，微商应该如何为自己选择最适合的平台呢？

5.1.1 看微商平台的特点优势

想要建立具有长远影响力的品牌，微商应该从平台特点入手加以挑选，侧重观察其中具有显著优势的平台，以便与自身品牌形象需要结合。

例如，想要建立产品来源正规的品牌形象，可以挑选“玫瑰派”这样的平台；而如果想要打造产品丰富、粉丝众多的形象，则可以选择“萌店”这样的平台。这些平台自身不运营产品，其产品源主要由参与的企业或者用户提供。

5.1.2 看微商平台的功能优势

建立品牌形象，需要利用平台功能向系统化发展。选择时，不要去单纯重视成交的平台，而是要选择适合进行大订单处理、大批量客户管理的平台。做到一定程度后，要及时在平台上建立手机店铺，并选择那些和粉丝互动有充分空间的平台。

另外，一些微商平台拥有较强大的技术开发团队，专业性强，这类平台能够利用其功能，为微商在营销模块上提供充分支持，如开展“促销折扣”“组合销售”“优惠券”等，同时还能进行定向的活动信息推送，提高微商在粉丝手机中的出现频率。选择这些平台，可以帮助微商全面充分地展示自身品牌形象。

5.1.3 看微商平台的服务优势

微商平台是否能够提供足够的服务，帮助企业展示形象，是挑选平台的关键性标准。在选择平台时，不要仅仅关注平台收费情况，而要了解平台幕后的服务团队能力、市场资源和已有的营销业绩。

2016年9月4日，赛微利通参加了第45届广州国际美博会。作为一家行业内顶尖的品牌服务商，赛微利通多年来始终对移动电商品牌提供营销推广、招商策划、产品创意设计、空间设计和视频创意等方面的精准服务。赛微利通拥有国际创意团队和微商顶尖智库，能够为微商企业带来充分的品牌推广价值。

如果微商能够获得这样的平台服务，显然对于提高品牌影响力有积极作用。

5.1.4 看微商平台的模式优势

传统微商平台中，以“代理 + 下级代理”为主。这种模式是通过代理不断招代理，以赚取加盟费为主，并没有解决产品到消费者手中的问题，因此，尽管初期能获得迅猛发展，但时至今日并不利于微商企业建立品牌形象。与此相比，一些新平台的模式则可以为不同优势的微商提供品牌形象支持。

1. 极享平台模式

该平台在分区中设置两层微商代理，保证固定规模，不过度扩张；同线下店进行结合，进行区域性的品牌建设。另外，平台在线上实现流量引入，确保消费者对产品放心，并稳定渠道。在线下，平台则开通 1 万家体验店，提供温馨和舒适的交流、洽谈、分享环境。这种模式适合那些需要在线上线下同时建设品牌形象的微商，可以弥补单纯线上微商的不足。

2. 公众号平台模式

微信公众号平台通过微信公众号、微店系统进行产品营销。该平台适合那些已经有了一些客户资源的微商，可以将这些客户资源进一步发展成为忠实粉丝，同时又能够提高营销业绩和提升品牌形象。

3. 有赞平台模式

有赞平台以微商城模式打造，其支付系统、营销系统相当成熟，其最大优势是能够帮助企业将品牌形象从分销商、代理扩展到顾客，搭建了相对健康而活跃的生态链。该平台适合那些复购频率高、有社交属性的产品建立品牌影响力，也适合个人在移动端搭建分销渠道。

5.2 营销策略不同，品牌形象不同

在微商时代，“品牌制胜”概念已被普遍接受，大大小小的微商企业都希望用品牌能量占领市场制高点。但仅仅重视品牌是不够的，企业必须认识到，营销策略的差异会导致品牌形象的区别。同样的产品，采用不同营销策略，很可能会有截然不同的营销业绩。

刘小姐代理了某人造水晶首饰厂家的产品进行朋友圈营销。最初，她盲目模仿了美容化妆品的代理营销方式，希望能够利用晒高收入、发单量、旅游、美食等美图，打动朋友圈中那些希望创业的人，并借此将产品销售出去。

然而，在一波波照片之后，营销效果却并不见什么起色，甚至有些好友将她屏蔽了。经过认真反思，刘小姐决定改变自身的营销策略。她不再利用大规模分享个人图片进行朋友圈营销，而是利用自己的心理学知识，组建同城女性情感咨询微信群，帮助朋友们解决生活和工作中的烦恼。

在沟通过程中，她利用线下聚会、节假日和朋友生日、婚礼等机会，向她们普及人造水晶产品的不同价值，推荐有意义的产品作为礼物。在朋友圈中，她分享的内容也具有了自己的风格，包括人生感悟、女性职场经验等，深得粉丝的好评，也带来了更多客户。

刘小姐最初采取的营销策略，其实更适合面膜、BB 霜、润肤水、唇膏等消费品，这些产品消费数量大、频率高、复购率高、单品利润低，采取“广撒网”的策略，能够吸引代理，建立起产品销售火爆的品牌形象。与之相比，人造水晶首饰并不适合这种方式，而是更需要一种清新、小众、脱俗而适合

女性自我关爱的延伸价值。由于针对产品特点，选择了新的品牌营销策略，刘小姐之后得到了完全不同的业绩。

网络时代消费者心中的品牌形象，并非在于商家告诉他们什么，而是在于商家表现出什么。当信息获取渠道越来越多、速度越来越快，微商消费者更容易通过商家的营销策略包括产品形象、文字图片、宣传风格、推广渠道等，感受商家如何定位品牌。

换而言之，即便商家费尽心思想要将产品品牌形象打造到位，但如果没有挑选正确的营销策略，就只能事倍功半。更有甚者，在移动互联网时代依然使用粗放简单的营销策略，利用无规则、无秩序、低俗化、暴力刷屏等手段，严重破坏用户体验且效率低下，则品牌形象的打造更是无从谈起。

那么，如何根据不同的品牌定位，选择正确的营销策略呢?

5.2.1 正确提高知名度

知名度是微商品牌的重要基础。提高知名度是微商品牌形象创建的第一步，是营销策略的关注重点。如图 5-1 所示，提升知名度有 3 个策略。

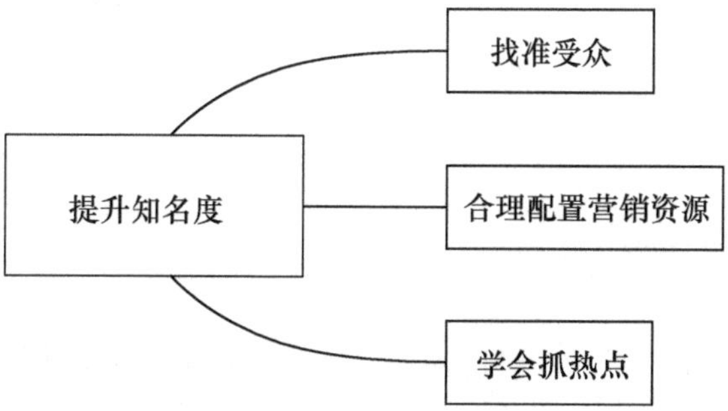

图 5-1　提升知名度的策略

首先，可以在现有关注你的人群中，找出第一批受众。找准受众对产品关心的重点，让他们感受到商家是如何努力将产品打造到极致的，从而全力保证他们能够理解并真正需要产品。

其次，商家应合理配置营销资源，借助所有可用的移动互联网媒体向外界渗透，直到让足够的目标用户成为忠实粉丝，再以他们为意见领袖带动产品知名度的提升。

最后，微商还要学会抓热点。结合社会热点话题，在低成本营销的前提下，最大限度提升品牌的知名度，以热点内容营销带动用户参与到营销中，塑造出人格化的品牌文化。

5.2.2 扩展美誉度

当知名度扩展具有一定成效后，微商的营销策略就要针对受众的信任问题，提高品牌的美誉度。

微商可以在营销过程中，积极展示产品标识、质量认证、荣誉奖项等硬性的品牌支持资料，以便目标群体认识到产品的正规性、品牌的可信度。此外，还应该在营销过程中利用截图、视频、语音、文字等，将客户评价和体验进行传播展示，尤其着重强调名人或行业意见领袖的产品体验成果。

另外，在这一阶段的营销策略中，微商应该向消费者中的不同群体（尤其是特殊消费者）提供针对性的服务关心，提供更多的延伸价值，迅速强化品牌美誉度。例如，关心弱势群体、关爱妇女儿童或学生等，都是打造品牌的有效营销策略。

5.2.3 营造偏爱度

有了美誉才有了信任，但只有信任还不足以让品牌力量变得强大，形成偏爱是不可跳过的步骤。

在营销过程中商家必须抓住机会，对产品采用差异化营销策略，挖掘产品核心竞争优势，形成不同的品牌特色，满足消费者的个性需求。

以面膜产品为例，面膜产品并不缺少消费者，也不缺少强势品牌。如果做微商销售面膜，不但要利用营销策略体现面膜的性价比和质量，还要以营销手段来突出反映产品在形象、价格、包装和文化上的不同，可以突出面膜的绿色环保特征，也可以强化面膜是为“办公女性”“学生女性”“哺乳期女性”等专门打造的差异特点。

这样，就能突出品牌文化的核心，让不同的受众对不同产品种类产生偏爱。

5.2.4 夯实忠诚度

品牌影响力最大的作用，是让消费者成为产品粉丝，让消费者和企业产生密切的联系。正如同爱情最终要形成婚姻的忠诚，才能带给人长久幸福一样，无论产品怎样影响、品牌怎样构建，都应该通过产品质量、后续服务来强化客户的忠诚度。

在产品营销过程中必须采取不同策略，尽全力促使用户长期重复购买产品，形成足够的黏性。**可以采取降价回馈活动、会员积分制、推荐奖励制、赠送礼品优惠、社群聚会体验等方式**，利用营销策略提升用户在购买前、购买中和购买后对产品品牌的参与感，促使他们在体验产品之后形成自发传播。

真正懂得利用营销策略的微商，不会只将眼光集中在眼前的利润上。他们会以互动作为营销策略发生作用的主要平台，以消费者为中心来塑造品牌。

5.3 如何利用好“美女经济”

成功的微商企业创始人中有不少女性。而最优秀的微商代理队伍中，最活跃、最受欢迎的也是女性。这一现象并非偶然：在体验分享、产品推广、口碑传播等方面，女性素来有其独特优势。而微商时代则利用移动互联网的高效传播，将“美女经济”从单纯的人性特点转化成了强大的经济效应。

小A是瑜伽老师，她除了本职工作之外，还代理了多种产品。夏天卖裙子，冬天卖雪地靴，平时则卖化妆品和饰品。因为自己面容姣好、身材苗条、学员众多，她不仅能够当模特推广产品，还能吸引不少异性前来购买。

小B经营一家衣帽服饰商铺，平时自己进货做模特。因为擅长搭配衣服，她经常在朋友圈发布服饰品牌的搭配。而关注者也经常从她这里了解信息，购买产品。

小C已经有了第二个宝宝，在生育之后，她寻找多种方法减肥排毒，在试用不少产品之后，她发现一种进口的生酵素相当有效。于是，她将自己的瘦身成果和经历发布在微信聊天群，很快发现有许多朋友存在类似困扰。由于效果出色，这些朋友们都愿意从她这里购买产品。

类似的例子数不胜数，无论对于企业还是商家，“美女经济学”在微商品牌塑造过程中的作用都需要充分重视。“美女经济学”决定了每个参与微商营销的女性，无论其是企业全职员工，还是兼职代理，其一言一行都会构成终端消费者眼中特定产品品牌的形象。

为此，微商商家不能简单地将女性资源看作营销的途径和渠道，还要将其和“眼球经济”结合在一起，通过多元化、立体化的途径，让女性营销力量为微商品牌发挥出更大价值。

5.3.1 “美女经济”的价值

“美女经济”在微商中的重要作用集中表现在以下两点。

1. 女性特有的品牌塑造和接受能力

传统商业时代中，人们已经发现了女性消费群体在品牌形成、传播、发展、继承等方面的重要性。由于女性婚前承担的经济压力较小，而婚后又往往是家庭日常消费的决策者和执行者，因此，她们对产品品牌的看法经常能够主宰或影响整个消费群体的看法。

以日化用品行业中的跨国巨头宝洁为例，早在互联网尚未诞生时期，该品牌就以普通家庭主妇为诉求，其广告模特一般都使用普通但却神采奕奕的家庭妇女，虽然并非明星，但却充满吸引力，能够打动女性消费者。而宝洁一系列广告也都是针对同样的家庭妇女，并注重将她们发展成为品牌的拥趸。

微商同样要学习这种重视女性消费者的传统营销理念。从细节上看，女性对其身边女性（如同事、闺蜜）、男性（如男友、丈夫、父亲、男同事）所提供的咨询意见经常具有很大影响力。

从宏观上看，由于女性的交流欲望更明显、社交手段更丰富，加上互联网技术的发展，以微信、微博和 QQ 为代表的社交软件能够更加高效地促成女性对品牌形成群体化的强烈认同。因此，微商产品想要打造品牌，必须注重发挥女性消费者的作用，赢得“美女”的眼睛和心灵，才能享有“美女经济”所带来的丰厚市场蛋糕。

2. 移动互联网环境中女性形象特有的品牌吸引力

2015 年年底的第二届世界互联网大会上，阿里巴巴集团首席执行官张勇谈道：“一直以来，我们讨论过网络经济、粉丝经济，但是在近两年的变化中，有一个新族群的产生，我们称之为‘网红一族’。这是整个新经济力量的体现。”

必须承认，伴随着互联网营销工具的更迭，以及行业的精细化、地域化，粉丝群体正在变得更加垂直、更加细分，但有一种粉丝是共通的：美女粉丝。

在匿名化的互联网世界中事件同质化、缺少热点的情况下，能够吸引大量点击率的内容，往往和美女、情感有关系。即便是 PC 互联网时代中普通的社交工具、安全工具，或者内容类、社交类的手机应用，也经常少不了打“美女”牌。

伴随移动互联网的蓬勃发展，自媒体平台正在成为主流营销媒体，微商想要利用自媒体营造出强势品牌，也必须重视“美女经济”，才能赢得大批粉丝。

因此，微商想要让品牌信息得到充分关注，营销策略中就需要塑造美女形象，利用其对粉丝的特有吸引力将消费者拉到品牌周围，进而成为产品的关注者与支持者。

5.3.2 “美女经济”的 3 个策略

当然，运用“美女经济”，并非意味着用低俗、色情的方式方法搔首弄姿、触及底线。一方面这将造成品牌另一方向的同质化，另一方面则有可能带来负面口碑，如果违背法律，甚至可能给品牌带来毁灭性风险。

善用“美女经济”，重在以健康、自然和符合社会主流道德视角的方式，为品牌引流和造势，并将审美观念融入品牌文化中去。只有这样，微商对“美女经济”的发掘才能够持续产生积极能量。

想要让“美女经济”为微商品牌营销提供强大支持，就要懂得利用以下方法，如图 5-2 所示。

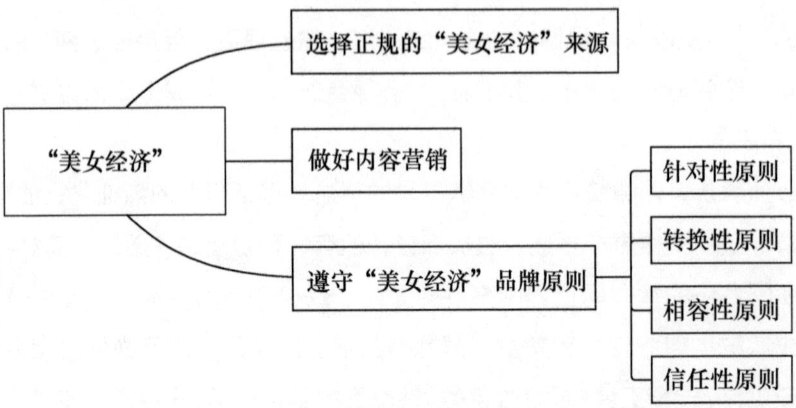

图 5-2 善用“美女经济”

1. 选择正规的“美女经济”来源

限于时间和精力，传统企业难以利用最小的成本来获得集中的美女资源来为产品品牌服务。因此，在微商时代，选择正规、高效的“美女经济”来源，是微商提高品牌号召力和感染力不可缺失的步骤。

企业可以考虑“i 美推”之类的服务平台。类似平台拥有上万名美女资源，这些美女每个人平均有 2000 名以上的微信好友、上万名微博粉丝，具有很大的传播潜力，而她们个人则各有其专注领域，如时尚、网络、游戏、美食、美妆、服装、电商等，能够覆盖到不同的垂直目标人群。

微商企业完全可以选择类似的正规平台进行合作，由此得到其完善培训体系和量身定制的内容作为服务。相比之下，微商如果直接联系社会上的网红群体，或进行招聘，都会增加不必要的成本，也无法得到精准的服务内容。

2. 做好内容营销

用好“美女经济”营销策略来打造品牌，不只是以美色吸引消费者注意力，更重要的是要用好内容营销。

广州某日化有限公司，其洗发产品使消费者洗完头发后会有焗油的效果，利用企业积累的资源，该产品获得了空姐等美女群体作为总代理发展分销。当其产品特点加上空姐职业的吸引力之后，形成了营销传播过程中的独特内容，在微信圈内形成传播，价格 99 元的洗发水获得了 7000 万元的微信销量。

这一案例说明“美女经济”离不开内容营销。**找准产品和美女的结合点，让美女以其真实生活体验为产品做背书，会非常直观、深入地影响消费者。**

其他方法还包括：让美女主播在其直播过程中有技巧地提到产品，塑造品牌形象；利用美女形象在论坛或 QQ 空间发布体验文章；甚至可以让美女

“被黑”，由此造成抓人眼球的方式来带动人气等。

3. 遵守“美女经济”品牌原则

（1）**针对性原则**。在品牌营销过程中，应该根据消费群体的个人特点，以及产品性质、营销地域等客观条件确定美女类别，运用合理手段，安排符合品牌需要的营销内容。

消费者个体因为个人年龄、生活习惯、审美兴趣不同，对美有着自己的独特看法，而品牌个性也是品牌形象中最活跃、最能体现差异的部分。微商应该先对产品市场进行准确定位，再选择美女形象，将企业品牌个性的表达看作目的，将美女形象的传递看作手段。

（2）**转换性原则**。不要让美女在产品营销中单纯地展现美感，而是要通过言行的表达，展现出美女的心灵和感受，根据目标对象，准确而恰当地进行传播投放。例如，可以让美女以化妆培训课程为手段，引发追随学习效应，带动学习者对品牌的好感，转换成为对美妆产品的认可。

（3）**相容性原则**。“美女经济”和品牌营销相互结合，不能产生相互排斥的能量，而是应该长期、稳定地存在于受众脑海中。这需要微商选择的美女在形象、气质和背景上，能够与产品的资源、性质、内容、属性相融合，成功地传递统一完整的信息，例如，运动产品应该寻求有体育特长、较为年轻、学生身份的美女进行品牌传播，而女性保养产品则可以寻找有一定社会阅历、相对年长、有成功职业背景的美女来承担代言和销售工作。

（4）**信任性原则**。不要片面地认为美女“颜值”越高，能够带来的品牌价值就越高。对于绝大多数微商品牌而言，需要的美女应有长期个人形象的架构和维护。美女拥有良好的口碑、积极的人生态度、有格调的生活内容，都能够给予消费者信赖而安全的心理。因此，微商不要单纯地以貌取人选择美女，而是要关注其在网络和现实中的人气和口碑，避免造成受众的审美疲劳和信任不足。

5.4 励志微商的营销策略

现代社会中，普通人的生活和工作势必面对着种种压力。而当他们面对苦难、遭遇坎坷时，不仅需要物质能量，更需要精神力量的支持，促使他们能够越过障碍、获得新生，并继续追求自我实现的目标。

在微商时代，很多品牌文化已经灌注了激励人们不断向前的文化，通过励志的品牌营销手段打动受众，并刺激消费者的购买欲望。同时，微商企业本身也可以凭借独有的励志文化，寻求企业和代理团队在表面松散的合作形态之下，实则统一向上的充分凝聚力，并由此生成更富有健康内涵的企业文化。这种营销策略，可以称之为品牌的“励志牌”。

如今，已经有了电商打好“励志牌”的成功先例。

同样是橙子，褚橙却做成了励志橙，并水到渠成地利用微博营销，构建了强大的品牌。2012年年底开始，本来生活网重点打造褚橙的励志品牌基因，利用当时的互联网新媒体，讲述了一个个励志故事。

1979年10月，褚时健出任玉溪卷烟厂厂长，时年51岁，带领团队将陷入亏损的企业改变成亚洲最大烟草帝国，在18年任期内为国家创造利税991亿元。1994年，他被评为全国十大改革风云人物，1999年，71岁的褚时健因经济问题被判处无期徒刑，锒铛入狱。2002年，褚时健因严重糖尿病获得了保外就医，但只能限于在家乡活动。回到家中养病的褚时健，选择了二次创业。他承包了2000亩荒山种植冰糖橙，创业时他已有75岁高龄。经历种种艰险，2012年，褚橙终于得以在电商路上一炮而红……

本来生活的运营总监在参与进入褚橙营销运作之后，利用微博发表了第一篇报道《褚橙进京》，写了85岁的褚时健汗衫上的泥点，写了正在和电商结合的新农业模式，微博很快被转发了7000多次，尤其是王石所给出的致敬："衡量一个人的成功标志，不是看他登到顶峰的高度，而是看他跌到低谷的反弹力"，这条用巴顿将军语录进行的诠释，再次引起近4000次转发。随后，转发的连锁效应开始体现，伴随着励志文化的传播，产品品牌影响力和号召力迅速构建起来。

有了电商成功先例，当微商崛起之后，励志营销在许多商家手中被运用得越来越娴熟。

某企业主打的产品为健康生活用品，其主要的代理队伍是中青年女性，其中不少代理都有过失业或在家做全职妈妈的经历。结合这样的特点，该企业将微商品牌营销策略定为"女性励志"方向。

在营销内容上，该企业鼓励销售代理人员在微信朋友圈、微博和QQ群上发布积极阳光的励志语录，讲述个人生活和工作中的成长经历，结合自己的真实心态历程，描述出前后变化。同时，无论是语录还是成长经历，并不一定总是要突出产品，而是应该突出"健康""积极""和谐""向上"的氛围，让每个销售代理人员都成为正能量的使者。

在企业品牌营销政策的鼓励下，各级代理都积极打起了"励志牌"，涌现了一批非常擅长品牌推广的"励志哥""励志姐"，他们使用了各自独特的励志语录。

"简单的生活，不是强调人生无为、不思进取。生活中，要争取你该争取的，追求你应追求的，做到取舍有度。"

"诚信绝对不是一种销售，更不是一种高深空洞的理念，它是实实在在的言出必行、点点滴滴的细节。"

“早上起床后，请你先把自己沉睡的心打开，然后再把窗户打开。这样，户外的风才能吹进你的心扉。所以，每天，你要做的第一件事就是开心。”

这些励志语录都成为其网络社交圈中独特的风景。此外，代理们还各有各的励志故事，有的人曾经是下岗女工，到中老年之后才加入微商，获得了事业和生活的新生；也有的人家境并不窘迫，却因为只能在家带孩子而经常受到丈夫“嫌弃”，终于在品牌营销中找到自我的社会价值，重新获得女性在家庭中的地位和魅力；还有人在代理销售该品牌产品过程中，学习和认识到了健康生活的真谛，修补了和他人的关系……诸如此类的众多故事，也支撑起了该品牌产品的理念内涵。

除了线上的励志文化，该品牌在线下进行的营销也充分弘扬正能量。在不同城市区域进行的社群聚会、线下分享、客户馈赠活动中，由代理团队组织并呈现出的是对社会、家庭、事业的感恩心态，通过演讲、讨论、分享的节目形式，让客户直接感受到营销团队的积极态度，并从营销团队的热情中得到充分的关注和消费动力。

利用励志文化进行品牌营销，能够让品牌和消费者之间的互动形成良性循环。同时，也能让代理层级之间、同事相互之间产生积极的群体感染力。打好“励志牌”，可以宏观和微观层面同时扩大品牌效应，还可以让微商获得更多的收益。

品牌的励志营销策略，可以从下面几点加以施行。

5.4.1 挖掘产品功能的励志内容

任何产品都离不开人与物品的关系、人与人的关系，抓住这样的本质，能顺利挖掘出产品中的励志性质。

微商可以重点挖掘的内容包括个人和家庭对身体健康、生活环保的追求，

这可以运用在绿色产品、健康产品等品牌打造上；对财务自由的渴望、对拥有事业的梦想等，能够形成鼓励代理积极推广和营销的积极氛围；改变社会地位、融入新的工作环境的奋斗经历，可以让消费者看到产品对自身发展提供的延伸价值等。

当然，挖掘产品的励志性内容要做到顺其自然而不牵强附会。有些微商品牌的营销内容，盲目引用格言、编造故事，利用各种“鸡汤文字”来促成励志感。但问题是这种编造缺乏和产品精神内涵的真正联系，因此无法起到为品牌代言的效果，只会造成负面影响。

5.4.2 励志营销的个性特色

在产品品牌的励志感营造中，切忌千篇一律、千人一面。例如，有的儿童玩具微商，实际上明明可以采用亲子关系、共同成长的题材，其励志营销内容却集中在家庭主妇创业艰辛上。因为忽视了本产品的个性，虽然付出了营销成本，却难以达成塑造品牌的目的。

找准个性特色，就要明确产品消费群体的真正需要，从其性别、身份、年龄、心态、社会角色等各方面，确定他们最需要的激励内容。

根据年龄区分，如针对老年人的微商产品，就应该激励他们战胜衰老、克服病痛，由代理人员从嘘寒问暖入手，给他们注入追求延年益寿的鼓励感；针对中年人的产品品牌，可以从如何保养身心、提升自我事业入手，帮助他们利用产品获得更多来自社会和家庭的认可；如果产品品牌针对年轻人，则应该唤醒他们潜藏的职业野心、生活愿景，并鼓励他们在产品提供的支持下走得更远。

根据心态区分，品牌营销内容可以对失意者进行鼓励，以产品相关故事，刺激他们摆脱现有状况，走出人生低潮区；也可以对有成就者产生影响，引导他们站到更高角度去看待价值，除了财务和事业之外，学会享受生活和家庭的美好；还能够对正在奋斗的人表达支持、关爱和呵护，让他们感受到足够的温情和动力等。

根据性别区分，品牌营销可以专门鼓励女性消费者，舒缓她们的内心压力，提倡用更好的态度来关爱自我；也可以专门对男性消费者给出支持，结合产品所提供的价值，帮助他们为社会、家庭做出各自的贡献。

总之，即便同一家企业、同一类产品，在进行励志品牌营销时，也不应拘泥于同样的思路和文字，而是应当照顾到不同受众，以便每个人都能从中汲取精神力量，加强他们对品牌的好感和信任。

5.4.3 以小见大，富有感染力

单纯的鼓舞、暗示或者感怀作为励志内容，已经不适应信息多元化的移动互联网营销。微商的励志营销应该更深入人心，从现实出发，以小见大，由平淡中获得充分的感染力。

在进行励志营销时，语言文字可以相对朴实而充满真情，杜绝那种口号式的单纯煽动，而是娓娓而谈，抓住受众真正有所感触的情绪。如可以从家人之间的亲情、朋友之间的友情、恋人之间的爱情出发做文章。当受众类似的情绪被调动起来之后，再结合产品价值的介绍来进行励志鼓动。这样的励志，不仅不会让人们讨厌，更会收到润物细无声的效果。

励志营销中，为受众树立的期待目标不应过于“假大空”。例如，将一款健康产品说成使用之后即可无病无痛、生活幸福甚至走上人生巅峰，这样的营销显然无法令人相信。

不妨将其功能中的某个点单独提炼出来，作为一段时间内励志品牌文化打造的重点，如减少了脱发、提升了睡眠质量、改善了肌肤营养等。通过这样的“小目标”，让受众产生“我也想试试改变”的热情，就会对品牌产生更多的了解欲。

5.5 用户定位决定品牌形象，要精准定位

品牌营销在传统商业时代的大行其道，不可避免导致产品形象的互相近似和干扰，许多产品在消费者眼中难以区分。尤其是进入信息时代之后，由于产品、媒介在数量上的暴增，用户也感觉疲于应对，单纯地想要通过营销建立独特、精准的品牌形象，就显得日益困难。

同样的情况也发生在微商行业中：微信朋友圈营销中曾经火爆一时的产品，却无法拥有持续提升的业绩，甚至原有的成绩也难以维持。一方面这是微商本身特点所决定，但另一方面也在于没有准确定位好固定的客户群体，导致品牌形象无法沉淀，在战略上失去了更大的拓展可能。

5.5.1 找到产品最合适的用户

吸取以上的经验，微商要学会将品牌影响力从市场表象转移到消费者的心智，应该全力以赴找到产品最适合的用户。抓住这些特定的用户，占据某个类别或特点的定位，成为该品类或特性的代表微商品牌，让消费者产生相关需求。

小舟是做定制旅行的微商，他手中有一些很独特的旅游资源，能够打造小而美的定制旅游服务。为此，他进行了深入和全面的分析思考，并对用户进行了画像：该服务的目标客户绝大多数不喜欢跟团旅行，而是喜欢走一些没有经过开发、有独特体验的线路。为此，他专门围绕这些用户的需求，开始挑选营销平台，在豆瓣、天涯等相关论坛上，小舟专门分享了自己曾经的户外旅游经历，并配上足以打动这些客户的文字。在分享文章的末尾，小舟

留下了自己的微商LOGO和二维码，既形成了品牌形象，也完成了线上引流。通过这一系列的操作，一年多之后，小舟的定制旅游产品品牌形象基本构建，在当地几乎处于垄断地位。

水果东施是一家专门提供新鲜有机水果的微商。该微商的品牌形象在成都地区已经相当成熟，深受用户喜爱。而之所以获得这样的成绩，就在于创始人最初对客户的准确定位：首先观察产品，其次再找到需求者。经过调查，该商家发现相关客户集中在成都本地的论坛、微信群、微博群、QQ群中，而线下则会出现在写字楼、咖啡厅等年轻人集中的地方。准确定位了这些客户的年龄段、消费倾向和活跃地域之后，接下来的引流就会精准许多，品牌形象的建立也就有的放矢了。

从上述品牌形象构建的过程中可以发现，微商只有找准用户群体集中在哪里，才能知道品牌营销应该如何去做。除此之外，对用户定位还能提供下面这些优势。

1. 帮助积累营销资源

品牌营销需要不同的资源，但限于成本、时间和团队规模，任何一家微商也不可能在诞生初期或初步成熟时就全面占据和运用这些资源。通过对用户的定位和进一步的精准分组，微商才能够做到有备无患，从多种渠道中，精准选出能够马上带来销售量的营销资源。

一款补钙的营养保健品，最初的品牌营销资源包括线下的地推团队、线上的微信朋友圈等。但经过分析，该保健品功效主要体现在中老年人身上，于是商家先利用线下团队，完成在街头发放二维码优惠券的营销方式，给中老年人更加直观方便的品牌体验。如果不是对用户事先进行定位，就很难达到这样的效果。

2. 提高品牌的区分度

微商的日益火爆也带来品牌区分空间不断被压缩的问题。不少产品在功能特色上看似不同，但由于缺乏准确定位，进而导致品牌形象相互重叠干扰，降低了营销效率。

为此，微商有必要利用对用户的定位，做到产品精细化、垂直化定位生产，确保用成功的产品品牌区分来构建形象上的壁垒，防止竞争者进入而影响原有的营销业绩。

5.5.2 定位的 5 个策略

微商应该如何做好对用户的定位呢?

1. 分析产品的核心卖点

微商应该通过头脑风暴等不同方式，提炼出产品的精髓，即产品能够给用户带来的价值、利益等。在讨论过程中，要确保始终围绕目标进行，不应追求表面上的一致性，也不能随意发言。通过多轮讨论之后，将提炼出的用户价值形成文字并记录。

2. 模拟用户的使用场景

在将产品核心卖点所对应的用户价值穷尽之后，进入下一环节的头脑风暴：模拟哪些用户在何种情境下会关注、使用产品，并且能够产生上述罗列出的价值。

一家经营手工海鲜酱、牛肉酱的微商，团队只有三四个人，其中大多数都是兼职微商，但他们首先分析了产品价值，包括美味、健康、方便、快捷、卫生等，随后模拟了用户的使用情境，包括出外旅游、中午工作餐、假日需求、熬夜吃泡面、馈赠家人、懒得出门买菜等。

3. 从场景倒推用户身份

从已有的场景中，去倒推哪些用户经常会面对这些场景，随后整理出用户的核心特征，再根据核心特征辨识他们的身份特点。

在上一个例子中，商家根据使用场景，分析出用户具有如下的身份特征：

骑行爱好者、环保爱好者、旅游爱好者、CBD白领、乡镇公务员、制造业员工、青年中小学教师、高校学生、御宅族。

4. 进行定位验证

根据设定的目标群体职业特征，寻找出对应的用户，通过观察、试用、对比实验、用户访谈等方法，分析使用场景和用户价值是否确实存在。

在定位验证过程中，商家并不一定需要使用专业方法，尤其是在缺乏专业研究人员的情况下，可以先从身边符合相应特征的亲友、同学、同事、邻居中进行验证。

在这个过程中，普通商家不要过于相信数量分析，因为在用户定位期，有利于品牌形象策略的信息大多数需要用感性分析完成验证，而无法依靠单纯的少量数据。另外，在这个过程中，也应该避免先入为主的偏见。

5. 进行排序

当验证完毕之后，应该结合验证结果，从多个用户群体中筛选出最具有价值的用户群体，并按照对他们的预期进行排序。可以从以下角度着手进行排序筛选，如图5-3所示。

（1）产品价值：用户对产品的需求程度。

（2）商业价值：用户群体的大小，对产品的消费能力，在线上或线下的传播能力。

（3）获取成本：能够打动某个用户群体所需要的成本和难度。

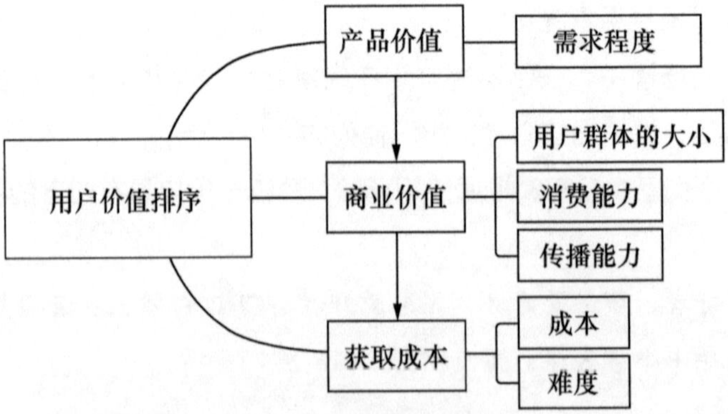

图 5-3　用户价值排序

在排序完成后，从中挑选具有最大价值的用户群体，对用户初步的定位即告完成，随后品牌形象的建立也将具有更明确的方向性。

Part 6

微商品牌创始人如何成为品牌代言人

6.1 社交媒体多频次多密度全方位曝光

微商品牌的影响力大小，和微商品牌创始人最初如何打造自我形象密不可分。与传统商业有所不同，微商自身的推广和发展模式使任何一个品牌在崛起之初，都要跟随个人影响力的拓展来积累用户的“原始好感度”。因此，创始人必须懂得如何在社交媒体上进行多频次、多密度和全方位的自我曝光，让产品品牌和个人品牌融为一体，不断扩大。

6.1.1 社交媒体的三大价值

某微商品牌于2016年成立，但成长速度极快。其成功背后，是创始人利用移动互联网社交媒体对自己不断曝光。

该品牌创始人之一是80后的“辣妈”，在创立品牌之前，她一直担任其他产品的代理，并且有着稳定的社交媒体资源。在代理过程中，虽然其已经依靠分代理有了很好的营销业绩，但她还是坚持利用朋友圈、微博、QQ、论坛等进行个人曝光，时常推送产品信息，或者分享成功故事、产品体验，即便是个人生活也常常拿出来和朋友们进行讨论、互动。正是在这样的过程中，她积累了相当多的用户资源和代理资源。

该品牌另一位创始人在创业之前，已是网红，有着充分的资源和一定的影响力。由于爱好网红事业，对美妆有着独到的个人经验积累，她不仅有个人魅力，还能依靠展示和普及美妆方法、知识吸引他人。该创始人自称，有一张网红脸是其优势，但她并没有满足于做直播，而是利用机会在很多社群里做培训，吸引和她产品相关或是想做微商的人。

该品牌创始人一个主内，一个主外，共同打造了不错的微商品牌，值得其他微商学习。

事实证明，微商创始人加强在社交媒体的曝光，不仅对品牌成长有所裨益，还是微商品牌形象塑造过程中不可缺少的步骤。每个微商品牌在谋求成长的过程中，创始人都应该从以下角度认识这一步骤。

1. 社交媒体曝光是获得信任力的最好来源

微商之所以“微”，是因为产品营销渠道建立在一个个具体消费者的认识、了解、关注和信任之上。尤其是品牌初创时期，如果创始人不能通过具体的展现和互动，就无法积累“种子用户”，也就难以积累整个市场的信任。

在社交媒体上，微商创始人可以通过展示个人工作来展现微商营销团队的成长和壮大，让对产品功能一无所知的用户，迅速了解商家的实力，并认可创始人个人的信誉。相反，如果曝光数量和质量不够，你的个人品牌难以说服他人，产品品牌也就成为空中楼阁。

2. 社交媒体曝光是推荐产品的广阔舞台

由于选择了移动互联网进行品牌营销，微商在一定程度上缺少了线下面向用户展示产品功能、宣传产品体验的机会。但这样的问题并非不可解决，通过发达的社交媒体，微商创始人同样可以利用对自身生活和工作的有效曝光，向客户描述产品带来的味觉、触觉、嗅觉、感觉以及更多的延伸价值。此外，社交媒体还具有跨越时间和地域的优势，在朋友圈、微博和论坛等渠道上展示自己使用的产品特性，能够比线下的实际产品体验更大范围吸引用户。

3. 社交媒体曝光是吸引流量的充分机会

利用社交媒体曝光创始人，还能够带来吸引关注流量、增加粉丝数量的充分机会。在PC电商时代，用户接触到商家品牌时，首先关注的只能是“物”，例如，当他们点击进入淘宝某家店铺之后，满眼所及是其原本想要购买的产品，随后所开展的一系列挑选、点击、了解、收藏的行为，也都是围绕“物”展开的。这种营销模式意味着流量只会来自于那些对产品本身已经有了明确需求的群体。**在微商时代，商家完全可以将创始人通过多种渠道和方式加以展示，用其独特的魅力形象吸引流量，形成“网红”效应，凭借源源不断的粉丝，能够实现以“人”带动“产品”，再创建“品牌”的作用。**

6.1.2 社交媒体曝光的五大策略

虽然打造微商品牌离不开创始人对社交媒体的充分利用，但这种利用不应该是盲目的、缺乏重点和方法的，而是应该在不同阶段、不同条件下懂得选择重点加以突破，逐一占领不同的社交媒体阵地，达成扩大用户群体的作用。其方法原则可以总结如下。

1. 利用微博曝光

如何有效增加创始人的曝光率？如果创始人原先有经营较好的微博，利用微博是重要途径之一。在原有微博曝光的基础上，创始人可以通过更新头像、增加二维码等方式，曝光自己的产品和事业。具体做法有以下几点：

（1）可以在原有微博上置顶公告，推荐自己的店铺微信，或者置顶与产品相关的内容；

（2）可以在微博背景模板上放置个人和产品的合影、品牌 LOGO 或者微信二维码；

（3）经常在微博上举行活动，如奖励、馈赠等，配上自己和产品的照片，引导粉丝从微博上关注产品品牌；

（4）在微博上与已有的忠实粉丝进行互动，如 @ 忠实粉丝，对他们的微博内容加以评论、转发等，从而利用原有忠实粉丝的社交圈进一步扩大曝光率。

2. 利用漂流瓶和摇一摇曝光

“漂流瓶”和“摇一摇”功能实现了很多人的交流梦想，品牌创始人可以充分利用用户的好奇心和交友欲，通过这两种方式将自己宣传出去。可以先注册多个小号，头像要用创始人自己的艺术照或工作照，加上适当的背景，如参加高端论坛或在产品仓库、企业门店、写字楼等。每天扔出一定数量的漂流瓶，或者进行一定频次的“摇一摇”，让用户看到你的签名，并主动添加和关注。

3. 朋友圈曝光

微商创始人个人的曝光，离不开朋友圈发送分享的照片与文字。在数量上，以每天 3 ~ 5 条为适宜，过少会减弱曝光效果，过多则会导致受众厌烦。在时间上，可以在早晨、上班开始时间、中午时间、下午下班时间、夜晚黄金时间或睡前。在内容上，既可以与产品、团队有关，也可以与个人的生活有关。总之，不需要让朋友圈带有刻意的营销意味，但也应能够引发社交好友进一步对品牌内涵的了解。

4. 更换头像

适当更换 QQ、微信头像也是不错的曝光方法。虽然微商的 LOGO 不应随意变动，以免影响品牌形象，但创始人个人适当更换头像，能够很好地引发陌生好友在社交媒体上的关注。这是因为社交媒体的受众今非昔比，当他们看到带有产品品牌意味的头像时，会经常性地选择无视，而朋友圈中出现新的头像，反而会加以关注。有鉴于此，品牌创始人在个人账号上可以选择或呆萌，或可爱，或文艺，或高端的头像，来吸引好友的注意。

5. 扫码曝光法

这种方法主要是利用多种场合，植入品牌创始人的社交媒体账号，让用户群体在了解产品的同时，又能通过扫码来关注创始人的最新动态。具体做法如图 6-1 所示。

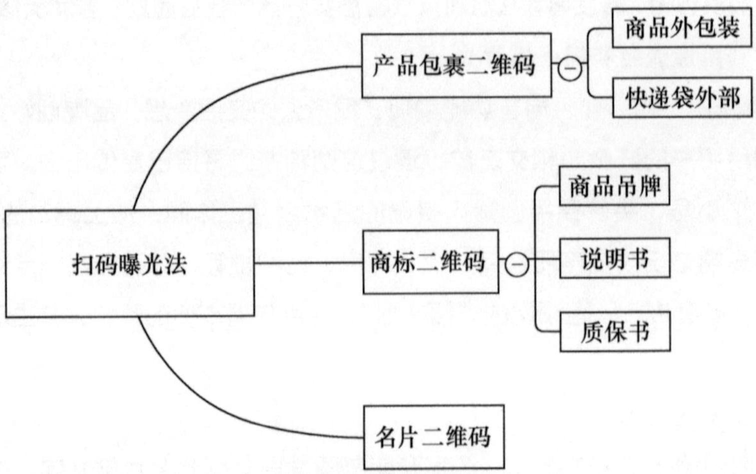

图 6-1　扫码曝光法

（1）**产品包裹二维码**。利用不干胶，将二维码粘贴到产品快递袋外部、邮寄盒外部或者商品外包装上等。

（2）**商标二维码**。在商品吊牌、说明书、质保书上印刷二维码，这需要在设计步骤中就事先留好印刷位置。

（3）**名片二维码**。在个人名片中放置二维码，或者直接印刷单一的二维码作为名片，可以在线下聚会时发放，也可以通过产品包裹向客户赠送。

6.2 创始人的个人魅力如何融入品牌

在微商兴盛的趋势下，讨论品牌魅力如何形成，必定离不开“怎样展现创始人个人魅力”这一课题。从互联网历史来看，品牌商家跟随着互联网革命的三大时代，不断地转变营销策略，这三大时代从个人魅力营造策略来划分，各自具备如下特点。

在互联网营销 1.0 时代，是以新浪、搜狐、网易等门户网站为代表的资讯时代，个人想要将魅力传递到品牌上，只有接受门户网站的专访或者报道，是一个“**少数人说，大多数人听**”的时代。

在 2.0 时代，以猫扑、天涯、人人网为代表的社交时代中，个人想要利用魅力带动品牌，就需要在诸多论坛上纵横捭阖、高谈阔论，才能俘获粉丝，这是“**一部分人说，一部分人听**”的时代。

但当互联网进入 3.0 时代，移动互联网平台上以微博、微信、陌陌等为代表的碎片化沟通开始成为主流，这是一个“**我们说，我们听**”的营销时代，每个人都将有机会跳脱出传统的传播渠道，用自媒体为自己代言，打造全面的品牌建设通路闭环。

微商某品牌创始人就成功利用个人魅力扩大了品牌影响。2009 年，她开始经营淘宝，销售韩国化妆品，到 2013 年拥有了两颗皇冠，但与此同时，她发现淘宝的运营成本和引流成本在逐渐提高，也为如何策划和推广品牌而感到心累。

随着互联网到移动互联网的转化，微商兴起让她看到转机，她开始将个人魅力和品牌建设合二为一，目前，她的微商团队成员超过 4 万人，品牌也相当有号召力。

该创始人说，微商以前是杂货店，而现在的微商就需要做成高品质精品店。以前为了满足不同代理需要选择各个品类，但现在就需要将品牌和自己的口碑结合，从宽度走向深度，选择一款能够突出表现个人特点的长线产品，将品牌做深做透，拥有充分的终端消费者群体。

该创始人很早就意识到，微商卖的并不是产品，而是个人生活方式和消费观念。从健康的生活，到时尚的玩法，再到积极向上的状态，都需要不断展现给关注自己的朋友们，让自己成为微信、微博上的明星。

事实上，很多微商的朋友圈除了金钱，就是琳琅满目的产品，而她的朋友圈却与此相反，其中的美食、美景、美人让好友们不断看到。她说，做好微商品牌，重点就在于打造出自明星的状态，让别人真正发自内心喜欢和羡慕你，这样才能给别人带来正能量，激发他们的梦想。

该创始人朋友圈中的照片，无论是刚刚参加完某场高端会议，还是环绕世界的旅游，抑或是工作上坚持不懈的辛苦努力，都像是一场场魅力直播。

每张照片无论是在角度、构图上，还是后期的美图修饰上，都经过了精心处理。她还承认，不管自己到哪里，只要是精彩的地方，都会将产品带在身边，让产品有合适的机会就出镜。

该品牌创始人的成功，来自于其将创始人“自明星”化的展示方针。这种明星效应能够为产品和品牌带来病毒式扩散传播，正如同传统时代企业会邀请明星顶着闪闪发亮的光环为产品代言那样。不过，普通人想要一夜成名，走上微商自明星道路，并不容易，从最初一点点积累个人魅力才是其基础。

从现实意义上说，创始人魅力的起步点，在于将自己打造成朋友圈中的超级 IP，形成魅力人格体，成为能够输出有营养内容的价值标杆。达到这样的魅力程度，自然不是举办活动、参加大会或者旅游路上拍拍照片、刷刷朋友圈就可以的。从创始人魅力，到自明星魅力，是在微商表面浮躁营销风气下完全不同的修炼和沉淀。

想要打造微商创始人的个人魅力，首先要知道什么是魅力，**魅力不仅包括个人的外在形象，更包括其人格魅力，如性格、气质、能力、道德品质等方面具有的能够吸引人的力量**。因此，当创始人具有强烈个人魅力后，才能将之有机融入品牌营销中，具体做法如下。

6.2.1 自我认知和定位

找到自己身上最闪光的个性特点，才能做到与众不同，让别人在最短时间内记住你，进而让品牌在某个垂直领域确立自身定位。

值得一提的是，在打造品牌创始人个人魅力时，应该抓住其身上最与众不同的地方和他人难以复制的因素，而切忌随便贴上标签。例如，不要动辄用“女神”“男神”“农民”“白领”之类的形容词来塑造创始人个人形象，否则很容易落入俗套而缺乏个性。

6.2.2 散发魅力

对身材已经很苗条的用户而言，你的身材再美丽，也并不一定具有魅力；对已经达到财务自由的用户而言，你的奋斗过程再精彩，也并不一定具有魅力……任何魅力的另一面，都是对特定人群“有用”，即充满对应价值。因此，想要将自己的魅力融入品牌，一开始就要结合对用户的定位，然后塑造能够匹配用户的魅力特点，逐渐在目标用户面前成为最有价值的人格体，从而吸引他们，让他们心甘情愿成为你手中品牌的粉丝。

那么，什么才是对用户有价值的魅力？这种魅力就是“他们最想要达到的状态”。

如果你的用户是抚育婴幼儿的年轻父母，那么你要经常表现出你和婴幼儿健康互动、为他们倾尽心血的形象；如果你的用户是希望能够改变和提升外在形象的女性，那么你要展示利用化妆术让自己充满信心的能力；如果你的用户是并不擅长打扮自己的男性，那么你就要有独立为男性朋友搭配服装取得成功的水准。

简而言之，你必须将用户想要达到却又暂时无法触及的目标显示在自己身上，然后巧妙、充分地表现给用户看，这样他们才会相信产品与品牌能够同样带给用户类似的魅力。

6.2.3 细节融入

创始人将个人魅力融入产品品牌，其过程并非一两天就能完成，步骤也并非宏观的、全局的。相反，应该在更多细节层面加以展开，创始人无论在线上还是线下，都应该随时随地将个人同品牌联系起来。

创始人可以为自己所有用于展示、交流和分享的照片制作品牌 LOGO 水印；亲自穿上营销团队的制服工作；应该经常发表自己在制作、试用、挑选、使用、销售产品的图片、文章、感想等；应该经常将自己和朋友、家人、同事围绕产品品牌所进行的一切努力分享到社交媒体；还可以显示产品为自己带来的荣誉、奖励、回报等。

总而言之，将产品品牌作为生活中最精彩的一面展示给外界，这样，用户在欣赏创始人魅力的同时，在脑海中不知不觉地留下了“创始人 = 品牌”的印象，也就能顺利达到营销目的。

6.3　多谈谈情怀与梦想

微商在品牌传播过程中，创始人与其使用冰冷的数字去试图说服用户，不如以每个人都能体验到的情怀与梦想去感染他们。当带有情感因素、理想因素的微商创始人形象站在了品牌的前端，无论是产品价值还是品牌内涵，都会因此而变得有血有肉，更加生动。相反，闭口不谈情怀，只谈利益的微商，也难以做大，更无法在市场中不断孕育品牌的成长之道。

某微商品牌主要经营江浙的自然食品，其中包括传统手工面条、农家土货糕饼、纯天然椴树蜂蜜、农家有机绿茶等。可以说，从产品本质上而言，并没有太多新鲜的内容和价值，创始人本身既不是颜值爆表的“男神”，也不是充满话题的“网红”，但他却找到一条用情怀和梦想来推广品牌的道路。

该品牌创始人认识到，自己手中的产品来源于浙江省江山市。一方面，这些食品代表着本乡本土人在味蕾上的记忆，是一种能够被留存在时光中的记忆，会让父老兄弟们永远怀有一份感动。另一方面，江山市是一个三线城市，很多江山人在外工作，即便节假日也不一定有机会回老家，但他们的思乡情怀不会改变。抓住这样的情怀来塑造形象，才能做大品牌。

于是，该创始人开始在社交媒体上不断强化自身和江山情怀之间的联系，他总是能不失时机地将自己作为江山人的自豪，同产品与品牌的价值进行联系。例如，清明节时期他会在朋友圈上发这样的文字：“记得每年清明时节，就到了我们江山人采艾草的时候。小时候，我会和小伙伴们约好，清明节就上山采来艾草，然后回家交给父母老人，在难得的团圆饭中，家人自然就会用艾草做好了绿色的青果团子，那是童年最真挚的快乐和美好。”伴随文字，还配上了他自己摘来的艾草、家人做好的青团子的图片。

类似的内容发出之后，引发了很多好友的关注、点赞和评论，该创始人又不失时机地推荐他们进入微店去了解产品。在提高了单品销售量的同时，他也将情怀融入了品牌之中。

实际上，从该品牌创始人个人的社交媒体分享，到品牌的淘宝店、微店营销内容上，情怀内容都占据了很大篇幅，其中主要包含的有乡愁、家乡味、儿时的印象等。

不同于许多微商品牌创始人所展现出的大量商品分类信息，他的微信朋友圈没有什么商业性，更多是将和江山农家食物有关的情感、记忆浸润到用户心头，逐渐利用产品所带来的附加价值内涵吸引用户，当用户对其个人的情感产生了信任和认同时，购买行为自然就会发生。

6.3.1 谈情怀的三大好处

相比案例中足以打动人心的思乡情怀和家乡梦想，不少微商创始者却有意无意忽略了情感因素。许多人刚刚开始微商之路，就习惯将产品和自我赤裸裸地展现在用户面前。这种方法的优点在于产品信息清晰，用户一看就知道你销售的是什么，那些有明确需求的人，很快能找到价值的重点，完成交易。

然而大多数用户对于这种创始人的形象并不会买账，如果不是急需的产品，他们很可能连看都不看，甚至直接将创始人拉黑。换而言之，情怀和梦想并非可有可无的东西。

微商创始人除了要能将产品价值说清楚，还要以情感因素赋予自己和产品更多的附加价值，这样的附加价值会深入品牌的灵魂中，并为其市场表现加分。

用情怀和梦想来表达内心，起码能为创始人和微商品牌带来如下好处，如图 6-2 所示。

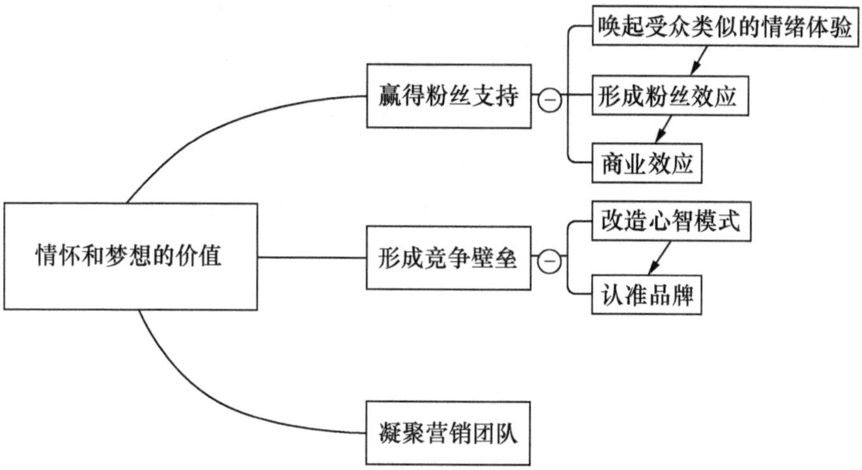

图 6-2　情怀和梦想的价值

1. 赢得粉丝支持

如果创始人可以用煽情、艺术或者直抒胸臆的方式来表达自己的内心情感，那么很容易唤起受众类似的情绪体验。在共同的情绪引导下，受众会对创始人个人产生更多好感，这种好感加以持续，就会形成粉丝效应。当创始人拥有了一群这样的粉丝之后，无论创始人展现怎样的产品，都会得到期望的市场效应。

2. 形成竞争壁垒

产品可以模仿，功能可以更替，但真正的情怀和梦想却是无法复制的。因此，创始人一旦走进某个社会群体的内心之后，就会改造他们的心智模式，并在其精神世界形成充分的竞争壁垒。例如，上面案例中的故乡情，能够让江山籍贯的消费者认准品牌，而此后如果再出现类似的品牌，就很难撼动其原有形象。

3. 凝聚营销团队

微商品牌的成功离不开高效、团结而行动一致的营销团队，只有每个层级的代理成员都可以围绕着共同核心努力，品牌才能在范围广阔的受众群体眼中保持一致。为此，创始人在强调利益分配的基础上，应多谈谈个人情怀和梦想，这样才能吸引那些价值观接近的员工加入营销团队，并在示范和模仿效应的作用下，打造出良好的团队文化。这样的团队文化一方面可以提升服务品质和营销业绩，另一方面也能构成品牌的软优势，在潜移默化中树立形象。

6.3.2 情怀表达的 4 种方式

当然，谈谈情怀和梦想很重要，但创始人如何表达更加重要。掌握正确的方法，能够自然流畅地让客户群体接受产品的附加价值，并对品牌产生好感。因此，创始人可以在下面的方法中加以挑选使用。

1. 用故事表现情怀

爱听故事是人类普遍特征。品牌创始人想要表现自己的情怀和梦想时，与其使用苍白无力的说教、空洞无物的口号，不如多在社交媒体上讲述自己的故事。

能够表现情怀的故事通常分为两类：**人物故事和产品故事**。如果创始人对目前产品有充分的自信，可以讲述产品的生产、营销和使用、改进、服务等感人故事，表现其中人与人之间的诚信情感、温暖互动等。反之，则可以多讲自己、代理、员工和顾客的故事，重点突出其中可以感动读者的情节，从而为形象增添丰富内涵。当然，也可以将人物和产品结合起来讲述。

在人物故事中，可以表现情怀的有创业辛苦历程、草根的成功逆袭、对故乡的怀念、家庭的温暖、友谊的珍贵、爱情的甜蜜、天伦之乐、师生情谊等。在产品故事中，可以讲述原材料准备不易、生产加工艰辛、营销过程奋斗、顾客使用中带来的变化、售后服务体验等情节，可以围绕每一件产品打造出不同的情怀故事，哪怕其中有虚构成分，至少也传递了创始人的善意愿望。

需要注意的是，这些故事并不一定要将创始人自己作为主角，相反，创始人完全可以站在旁观者的角度，向其他人讲述情节，然后发表感想。在感悟中传递积极能量，并利用评论和互动，引导受众与自己产生情绪共鸣和思想交流。

移动电商时代获取用户的成本越来越高，这就要求产品和故事能在第一时间打动人。产品故事怎么包装、怎么营销、怎么将故事转化为销售，这是微商们应该考虑的。

2. 情怀和梦想要有针对性

对不同的产品和客户群体，要有针对性地宣扬不同的情怀和梦想。

如果产品是零食，可以在朋友圈中发“要过节了，很多人都喜欢我家的传统糕点，你小时候的过节记忆，对哪款零食印象最深刻？”随后再和那些关注的好友进行互动。如果产品是茶叶，则可以多发这样的梦想语句：“想要有一个不大的宅院，那里四季如春，白昼阳光和煦，夜晚树影在纱窗上摇晃。孩子们可以在院子里奔跑，而我和你用一壶茶在这里温暖一生。”

有针对性地发送这样的内容，不但能够展现创始人个人魅力，还可以有效增加互动可能，增进和粉丝之间的亲密度。

谈谈情怀和梦想不仅要考虑客户的喜好，还要考虑他们自身的生活体验。如产品是针对中老年人健康的，就可以在大学毕业生就业时间点稍迟之后，发送这样的动态：“恭喜刚踏入职场的年轻人，你们终于长大能挣钱孝敬父母了，会不会新的人生阶段就这样开始了呢？”类似的内容能够直接说出客户心中的想法，也很容易树立起创始人个人的形象。

3. 采取仪式来表现

情怀和梦想经常被看成抽象、遥不可及乃至虚无的，在信息庞杂的网络上更是如此。为了避免将微商品牌传递的情感变得虚无化，创始人有必要利用仪式感，将一些简单的情绪复杂化。这样，无论是新粉丝，还是老客户，在使用产品时就会产生联想，形成新的情绪体验，并最终上升成精神层面的追求。

某酒类微商创始人在微博上强调“女儿红”仪式：在女孩子出生之日，父母将新酿的黄酒埋在树根之下，18 年后，女儿出嫁之日取出。

某男士服饰微商创始人是美女，亲自担任快递员，将男装送给幸运客户。

这都是将人类某种心底隐秘的情绪通过具体的行动表现出来，采用仪式感来让用户感动，让用户愿意了解你的个人和事业，并最终承认你的品牌。

4. 感恩是恒久主题

微商创始人如果想提升人格魅力，就要不断增加群体的情感基础，不断收获别人对你的梦想的理解和支持。因此，在重要节日，应该发表感恩、祝福客户以及其朋友、家人为主题的语句，还可以给重要客户赠送礼品，用这样的形式，寄托作为品牌创始人的美好梦想。这样，感恩文化就融入了品牌的情感内涵中，而这种内涵也会随着受众对象的转发得到传播扩展。

6.4 善于借势，多与热点互动

微商品牌营销并非一时，而是持续的，创始人个人形象的建立、完善和维护也同样如此。在漫长的积累过程中，微商创始人不仅要懂得造势，还应该清楚借势的重要，这一点对于缺乏前期积累的创始人，显得尤其重要。

实际上，对于推崇小而美的众多微商品牌，向热点借势、向大咖借势，能够让创始人本人始终走在热点边缘，不断唤起对其个人的注意力，并提高品牌和产品所受到的关注。借助热点来进行自我宣传，不仅见效快，而且成本也相对低。当然，借势也并非轻而易举，这是因为热点事件和人物不是一成不变的，只有抓住稍纵即逝的机会迅速行动，才能跟上移动互联网日新月异的变化节奏。

来看看下面这些创始人是如何成功借势的。

1. 向节日借势

2015 年情人节，某养生枣微商品牌创始人结合节日的表白场景，在微博上发出“枣想核你在一起”的话题内容，并同时推出新品，在 3 个多小时销售了上千份，并拥有了良好的后续口碑影响。

2. 体育明星借势

某健康食品微商在奥运会期间不断在孙杨、宁泽涛、傅园慧、张国伟这些体育明星的微博下发表评论，转发微博，并和网友互动。另外，他们还随时将评论和互动内容进行截图，转发到自己的微信朋友圈中。通过类似的互动，他们成功地将自己的社交媒体形象和体育明星活动捆绑在一起。

3. 娱乐事件

对一些正面意义的娱乐事件进行借势，让创始人的形象显得更加全面。这种借势营销也相对合理，因为创始人同样是普通人，关注这些娱乐事件，完全可以让粉丝们感到真实可信，毫无刻意之感。例如，某微商创始人在黄晓明婚礼之前，在其微博下发表评论并获得了回复，她将相关截图发表在朋友圈中，得到了很好的宣传效果。

4. 行业大咖

在很多行业里都有不同类型的大咖，这些大咖各自拥有的知名度和支持者数量不同，可以选择产品所在的行业，和其中最适合的进行互动。如某化妆品微商品牌创始人就抓住机会，在行业年会上同多家大咖进行互动，并手持产品和他们合影，这些照片和经历本身也是其生活、工作的一部分，在朋友圈中顺理成章地分享，既丰富了创始人自己的宣传资料，也提升了品牌档次。实际上，这样也提高了大咖们的知名度，是相当"双赢"的营销做法。

5. 慈善借势

中国幅员辽阔、人口众多，慈善空间也相对较大。创始人应该抓住发生重大事件的机会，及时利用正规渠道捐款。将捐款页面截图，并配上为灾区进行祈福的图片，在朋友圈发表，可以极大提升人气，增加好感。

和热点互动，进行借势营销，并不是"蹭热点"那么简单。塑造创始人个人形象，需要以内容为主，这是因为在移动社交媒体时代，社交网络占据了普通人生活的大部分注意力，无论是商家还是个人，都应该需要制作和生产有传播力的社交内容来抢占注意力高地。但品牌创始人自己并非明星，无法持续形成强内容，必须要懂得如何结合公众已经关注的热门内容，找准舆论"风口"才能让受众自动传播。

了解借势营销的本质，创始人才能清楚建立关联的原则，**即将自己个人为主体的传播内容和名人、节日、重大赛事、娱乐时事等热点进行联系。**但建立何种关联、怎样建立这两个问题却相对复杂。不论是支持拥护，还是反对甚至责骂，不论是比较形而上的祝福、祈祷，还是触手可及的合影、会谈，都是一种关联，只是关联的类型不同。但问题在于，很多创始人试图建立关联的时候，目标并不明确，技术也不够娴熟，往往在借势过程中就跑题了，结果无法达到目的。

下面是创始人向热点正确借势的方法。

6.4.1 借势要可信任

对于事物之间的联系，受众在心理上其实已经有所预期。

某中国二三线女星到创始人所在城市参加电影首映式，通过经纪人，她拿到了微商创始人赠送的面膜产品，并表达了谢意，这样的联系是受众们可以接受的，相关内容发在微博、微信上也能有好的效果。但如果该女星成为一线女星，则超出了预期范围，因为根据他们对品牌和创始人的了解，应该并没有这样的影响力。

这个例子说明，人们面对心理无法预期的东西，即便将“事实”展现在他们面前，也不会信任，因为人们总是会用已知内容去推导未知，这就是为什么一些所谓的借势营销，虽然能够在朋友圈火爆一时，却无法提高创始人真正的人气。反之，如果创始人事先通过调查了解和换位思考，搞清楚粉丝们期待哪些事实发生，就能一举成功建立联系。

6.4.2 借势对象的正向性

在互联网时代，“每个人都会出名 15 分钟”的预言几乎已经实现。因此，创始人应该对所联系对象加以挑选，不要选择那些已经过时、过期的话题，也不要选择那些人气开始下降的明星。除非为了特意彰显怀旧的感觉，也不要将自己和那些明显传统、落后时尚的人物和事情联系在一起。这是因为联系对象不同，人们推导出的内心感受也就不同，即便是同样的人和产品，也会具备不同的品牌影响力。

为此，创始人需要时刻重点关注娱乐、互联网、体育方面的新闻时事，确保自己能够跟得上话题，并能在所有可以关联的对象中，找到最新而最有趣的目标。

6.4.3 借势要巧妙表现优势

无论借势的对象是热点事件还是知名人物，品牌创始人和他们之间的联系应该重点表现出你个人或产品的优势，而并非只是为了博取眼球、赢得关注。这就需要品牌创始人在借势之前，提前设想好表现优势的模式，主要包括以下几种，如图 6-3 所示。

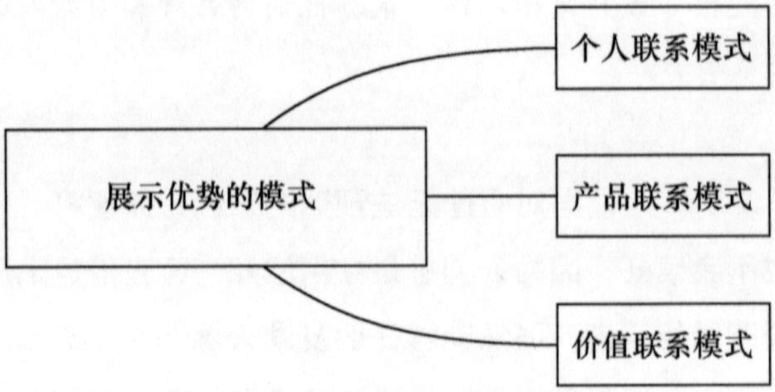

图 6-3 借势时展示优势的模式

1. 个人联系模式

创始人和目标的个人联系。如应邀参加某热点活动、应邀到某名人家、在某著名企业参观、到某热门景点旅游、在某高校讲课等。这样的模式是能够展现出自己的。

2. 产品联系模式

创始人利用产品和目标进行的联系。如将产品赠送给某名人、携带产品参加某热门展会、产品赞助某热门活动等。

3. 价值联系模式

利用个人或产品的价值，和热门事件产生联系。例如，个人的专业技能、资质在某活动中得以发挥重要作用，即便不是自己参加，也可以用来讨论、分析；某明星在采访中提及其使用产品，即便不是创始人出售的产品，也可以拿来和自家产品品牌进行类比、联想等。相对前两种模式，价值联系模式更加考验创始人的策划和设计能力。

无论采取何种模式，借势都应该合情合理。切忌生搬硬套，单纯产生搞笑、猎奇效果，实则无法从中受益。

6.5 多分享干货，成为行业领袖

社交媒体是个“内容为王”的大舞台，想要成为具有相当影响力的微商人物，并非简单提高手中产品营销业绩和好评就可以做到。一个真正的品牌创始人，除了能够影响那些对产品有需求的消费者，还能够在同行业中具有相当的号召力，直到成长为行业领袖。这一点，无论对其形成个人品牌，还是对扩大营销队伍、丰富产品来源，都有相当的益处。

6.5.1 分享干货的三大好处

如何能够迅速提升微商创始人在行业中的地位呢？多分享干货、多进行知识和技能的展示，这是被事实证明行之有效的重要方法。

小赵大学毕业回到家乡S市参与农业生产中。他很快发现，家乡种植的柑橘糖分多、水分足，口感很好，却受限于传统销售渠道，让农民无法享受足够的经济回报。经过两年努力，小赵在微信和淘宝上打拼出了不错的销售业绩，在当地小有名气，也认识了一些媒体朋友。

某次，S市电商行业协会联合传统媒体，举办了一次论坛活动，也邀请了小赵参与。经过精心准备，小赵带着自己的经营“干货”知识欣然前往，在论坛上，他简单汇报了自己两年来的经营成果，并展示了自己如何装修淘宝店铺、如何利用移动互联网开展社交推广等，其中还重点分析了如何发展大城市的精准客户群、如何维护产品形象、如何进行售后咨询服务等，引起了很多参会者的共鸣。

活动尾声，小赵将自己微信的二维码展示在PPT课件上，邀请大家加他的微信。许多人纷纷扫码，事后小赵发现，他们中间有不少都是从事微商行业的，从服装、儿童玩具、体育用品，到女性用品、化妆品、家居等，也有一些是食品微商同行。很快，小赵创建了一个同城微商交流群，在群内定时分享自己的经验，每个周末，他还会担任“主持人”，邀请其他人进行分享和讨论。逐渐，小赵朋友圈中的实力人物越来越多，很多人都认定他是本地微商中的大咖，而他的柑橘品牌也越做越大，从分享干货中，小赵受益良多。

小赵之所以能够从普通微商成长为品牌创始人，其中关键步骤就在于不断坚持进行分享。这种分享起码可以给微商带来以下好处。

1. 能够系统地整理自己的想法、做法

从事一段时间微商工作，只要营销业绩不差，甚至只要能坚持下来，都离不开自己的思考和实践。其中既会有成功经验，也会有失败教训。但如果你从不主动总结思考，这些宝贵的想法和做法就难以系统化，无法在今后的微商营销工作中产生具体价值。通过分享，微商创始人会在社交压力下形成动力，定期静下心对思维和做法加以整理，形成独有的知识财富。

2. 能够提升个人魅力

随着从事微商的人越来越多、成功的品牌越来越多，微商已经不再是早期边缘化、粗放化动作的产业，而是值得深入研讨、进入学术层面的商业领域。因此，如果能够经常分享“干货”，创始人就有可能全面提升自己的专业魅力，从他人眼中的“卖货”上升为“营销专家”，从“老板”变成“企业家”。这样的过程如果仅仅依靠团队或自己打造出的口碑是无法实现的，而是依靠不断亲身分享和传授对别人真正有用的东西。

此外，创始人能够经常和用户群体分享与产品价值有关的“干货”，还能形成充分的光环效应。例如，**经营保健产品的微商创始人，如果定时就如何养身保健、如何正确饮食起居和在朋友圈进行分享，对传统文化和西方文化中的相关知识信手拈来，对现代社会的疾病侃侃而谈，就能成功地展现出自己在相关方面的深厚底蕴**。相比那些只懂得围绕产品本身来宣传功能的营销者，这种形象对潜在消费者会更具说服力。

3. 能够提高行业地位、扩大营销团队

在移动互联网商业时代，传统商业观点“同行大多是冤家”早已被颠覆。事实证明，微商领域中不可能由任何一个品牌长远地独占所有的市场蛋糕，形成垄断性的品牌地位。成熟的微商创始人清楚，真正能够长久不变的，是自我所拥有的个人标签，是不断完善的专家形象、领袖地位。一旦拥有这些，当条件和环境允许时，完全可以丰富或者增减手中的产品，扩大或改变手下的营销代理团队结构与人员，而丝毫不会有损于微商品牌。

6.5.2 分享干货的 3 个秘诀

成为行业领袖，意味着在微商同行队伍中也具有了相当号召力。巨大的微商代理队伍本身也是消费群体，他们也会因为对创始人形象的信任和敬仰产生加盟、消费的冲动，无形中也增添了产品的市场美誉度。

虽然分享干货有许多好处，但任何人想要长久地分享并非易事，需要创始人不断强化内外功夫，有所积累方可有所输出。

1. 养成记录日常点滴并总结的习惯

创始人应该懂得如何为用户和同行提供优质原创内容，形成自己的观点。这个过程不是简单地粘贴复制，而是从 0 到 1 的积累和创造过程。你需要在每天繁忙的工作、紧张的生活之余，对任何看起来有价值的东西进行记录。其中可以有自己的新做法、新观点，也可以有与客户互动过程中出现的新问题、新现象，还可以有下级代理队伍中出现的新动态，甚至是商业竞争对手采取的新措施等。

一言以蔽之，只要是能够让你感觉有所不同的东西，都应该随时记录。此外，记录结果还应定时（最好是每天半小时）在不受打扰的状态下进行归纳、总结，并进行适当的文字处理。如果条件允许，还可以制作出 PPT 课件，从而方便进行随后的分享。

需要牢记：**只有持续积累，才能持续地输出“干货”**。“干货”就是那些可以得到检验的原创性观点，而拥有越多这样的观点，你就越能成为在某个维度中最有价值的品牌持有者。

2. 不要急于分享“干货”

在分享干货时，使用培训和教学手段要适度，不能“分享”泛滥。过多的关心和期待，反而给人压力，让受众觉得被“绑架”，尤其是对方原本和创始人是好友关系，但过分主动的分享愿望和行动，最后很可能产生两种结果：或者觉得你的分享是出于商业目的，是为了拉她做代理或者购买产品；或者虽然买了产品，但其出发点却是因为有些过意不去，即便购买之后，也并非心甘情愿，更不会去主动推广。

有鉴于此，我们的分享可以挑选好时机进行。例如，**当对方对朋友圈文章进行留言评论，表现出对微商感兴趣的时候，我们加以一两句的提点指导。如果对方依旧表现出很强的好奇心和求知欲，不妨将之引流进入分享群，做进一步发展。**

3. 分享的内容和形式应多元化

“干货”虽好，但如果缺乏必要的包装，或者不经过内容上的挑选，就会造成吸引力下降。为了避免这种情况出现，创始人需要对分享的内容和形式进行及时调整，避免陷入单一化的窘境中。

例如，可以采取线下聚会形式进行分享，也可以利用社交媒体的群聊、单聊功能进行，还可以在分享结束之后，将相关的材料放在网络上以便用户或代理、同行进行下载。

此外，分享的内容可以和产品价值、营销方法紧密联系，也可以只与职场心得、业余生活、休闲娱乐相关。分享者既可以是创始人自己，也可以是通过创始人向大家介绍的朋友等。

总之，只有让分享本身变得富于乐趣、生动活泼，你才能够通过分享不断吸引他人的注意力，并让打造自我品牌的过程变得越发简单有趣。

6.6 个人形象的多维度包装

虽然微商离不开移动互联网，但品牌创始人的形象既包括线上部分，也包括线下部分。无论是用户还是代理，如果他们只能看到线上部分的品牌创始人，而无法从实际生活中感受到其魅力，那么显然对品牌成长是不利的。因此，创始人不仅需要包装线上的形象，还要多维度包装个人形象。

小惠原先在一家金融公司工作，虽然平时事务繁忙，但在周末，她还是喜欢在家试着做一些手工蛋糕、甜品，既能自己享受，又可以与朋友分享。一段时间，公司许多人都尝到了她的手艺，纷纷夸赞味道不错。小惠按照同事们的建议，将自己的作品放到微信朋友圈中销售，很快就得到了好评。客户们不仅自己购买，还愿意将这些性价比很高的产品推荐给自己的朋友。

半年之后，小惠发现订单已纷至沓来，于是她选择了辞职，在家工作。每天忙碌之余，她也开始思考如何让自己手工蛋糕甜品的品牌具有更大市场。经过思考她决定从衣着打扮开始改变：小惠先是将自己原先那些充满职业气息的衣服扔掉，购置了不少文艺、清新和甜美、休闲的服装，搭配好这些衣服，捧着手工蛋糕在摄像镜头前自拍，让她感觉不但自己“萌萌哒”，连产品看起来也可爱了不少。随后，她又和专业设计师一起，为自己设计了一款粉色的、看上去充满青春风采的名片，将自己的头像和微信二维码都印在上面。

伴随形象的改变，小惠也开始了产品线下的铺陈，她带着自己的蛋糕和甜品，拜访了几家朋友开的咖啡店，希望同他们合作。由于深谙商务谈判的细节，加上不错的个人形象，小惠很快赢得其中一家咖啡店的青睐。咖啡店不仅同意推荐和销售她的产品，还同意她利用场地在周末举办烘焙活动。

每次活动现场，小惠都会更换一套适合客户年龄、审美趣味的服装，和她们分享如何制作蛋糕、如何享受美食、如何挑选原料等。一段时间下来，她还会将聚会合影、对话语录印刷成精美的纪念册，馈赠给每位参与活动的客户，在这些纪念册的扉页，有着小惠娟秀的手写字体，写上送给客户全家的诚挚祝福，让人看了感觉心头暖意十足。

由于小惠善于展示自己的完美形象，客户们对她的评价很高，男客户自不用说，女性客户也愿意和她经常讨论种种话题，除了蛋糕甜品，还有用什么样的化妆品、买什么样的衣服。随着名气越来越大，好几家化妆品和服饰企业找到小惠，希望她可以代理他们的产品……

很多微商经营者在做到一定程度时都会面临这样的困境：在线上，和客户之间的关系似乎已经走到瓶颈，无论采用怎样的营销或宣传方法，都不能提高他们的好感度和忠诚度；在线下，又不知道如何从产品出发去进行提升。面对此种情况，微商经营者很容易止步不前，导致自己永远都只是在销售产品、营销产品，而无法打造出长远的品牌。

不妨换一个角度思考问题：如果你自己是用户，当你对产品有好感之后，会对经营者产生好感吗？答案是否定的。换而言之，只有让客户亲眼看到你、感受到你的思想、接受你的性格、了解你的人品，他们才会将对产品的喜爱，转化成对你个人的喜爱。这样，无论你的产品结构和性质有什么变化，品牌依然长青。

必须承认的是，大多数微商品牌创业者，在起步阶段的确很难有时间去对个人形象进行颠覆性的设计创新，更多依靠原有形象和气质，找到与产品的契合点。但当事业上升到一定高度时，有意识地改变形象又是必需的，否则，个人形象（尤其是线下的、日常的）也会阻碍产品品牌的发展。

从下面这些角度去改善和强化个人形象，是微商品牌创始人需要考虑的。

6.6.1 外在形象

保持个人形象的清洁完善是个人品牌塑造的良好开始。在此基础上，微商品牌创始人应该根据自己的产品特点、出席活动的场合，选择不同形象风格对个人形象加以展示。

以女士为例，在出席品牌展示、交流论坛、团队培训等商务场合时，应当避免浓妆，否则容易和环境格格不入，也会让对方产生距离感。不妨采取简单得体的淡妆展示，将头发盘起来，留下干净、整洁的印象，看上去大方得体即可。此外，不建议在白天的商务场合用假睫毛，或者夸张的眼影和唇膏，这样都容易显得过于夸张。

相比而言，如果是出席晚会、晚宴活动，或者组织营销团队进行聚餐、娱乐活动，就可以适当选择浓妆，并采用比较时尚的波浪发型、马尾发型等。

在挑选服装上，除非需要亲自对服饰产品进行展示，否则创业者还是应该按照 TOP 原则来搭配服装。所谓 TOP 原则如下所述：

T 即 Time，着装应该根据季节的变化、时间的变化加以挑选；

O 即 Object，着装打扮应该考虑工作目的、行程对象等；

P 即 Place，是指着装应该和场所、地点、环境相适应。

此外，创业者的服装服饰还要和个体自身的性别、年龄、容貌、肤色、身材、个性、气质以及产品种类相适宜。服饰首先应该整体协调，其次再考虑各个部位的修饰，促成修饰和个人自身的协调一致，营造出整体形象风采。

6.6.2 沟通能力

无论是线上还是线下，微商创业者都要注重沟通和表达能力的培养、发挥，其中应该注意下面几点。

1. 语言风格不同

对不同身份和背景的用户，应该注意使用不同特点的语言风格。如同样是化妆品产品，在和受教育程度较高的白领女性交流时，创业者应该使用较为正式、偏向商务职场类型的语言；而在和受教育程度较低的蓝领女性交流时，则可以用适当随意、轻松和亲切的语言。又如对老客户和新客户、男性客户和女性客户、年轻客户和年长客户等，创业者都应该事先制定不同的交流模式，并加以演练，获得反馈，最终能够结合对象加以调整使用。

2. 学会简短表达，积极聆听

由于微商处于移动互联网平台，其交流往往呈现碎片化、即时化倾向。有鉴于此，创业者需要抓住时机，多训练自己在最短时间内表达重点的能力。例如，要懂得开门见山地打开话题，并在几分钟之内充分表达；要懂得将话题分成几层，按程度推进；要善于在对方岔开话题后设法将主题绕回等。

除了表达之外，创始人还要学会积极聆听，无论对方是用户还是代理，你都应该在他们说话时表现出认真聆听的态度。如果是在线上，则应不时给出回应，如“然后呢”“所以呢”等，这样可以表达自己正在理解对方语意的态度。

3. 好感传递应适度

对于普通关系的用户或代理，品牌创始人可以在交流中适度关心，据实进行适度赞美。但需要注意的是，应该避免一味讨好，否则很容易让对方感觉你表现得虚假，只是为了提升营销业绩而在瞎扯；更严重的情况是，不必要的表达好感可能还会降低用户对你的信任。

其实，我们完全可以找准机会再表达好感。例如，用户在收到产品之后，感觉包装精美，有所惊喜，抑或是在使用产品之后，感觉物超所值等。此时创业者完全可以借助购买后回访的机会，询问对方看法，并适度表达好感。

6.6.3 个人符号

想要让你的个人形象和品牌真正被粉丝记住，少不了为自己准备一个简单而富有冲击力的超级符号。

所谓超级符号，是指能够凝缩在一句话、一个词语或者一个卡通形象、一个 LOGO 中的内涵，这样的内涵表达了你个人想要外界记住的形象特点。因此，微商创业者可以设计好的个人昵称，并结合产品使用，**如“××叔叔”和“××叔叔海鲜”结合，“三个爸爸”和“三个爸爸的店”结合等，用户们依靠名字就能产生联想和记忆。**

6.6.4 实体宣传

当微商品牌发展到一定程度之后，进行必要的个人实体宣传营销也决定着其后的走势。创业者可以抓住机会，寻找能够合作展示个人或产品的实体店面，在双赢的基础上，充分凸显个人品牌的特点。此外，创业者还应该寻求通过网络媒体、传统媒体来曝光自我的可能，并召开客户奖励活动、馈赠活动、年会等，从而确保有越来越多的人在线下对自己产生印象。

6.6.5 推崇感

无论是线上还是线下，一个品牌的创始人有必要打造用户对自己恰如其分的推崇感。这种推崇感不是空穴来风，而是要建立在产品功能提供的价值、服务带给用户的便捷之上。有了充分的基础，再利用现实或互联网沟通交流中员工的尊敬感、专家的信任感以及同行的推荐言论等，让所有人感受到创业者作为品牌创始人所赢得的承认和尊重，体现出沉甸甸的社交圈背书分量。

Part 7

微商内训与微商品牌密不可分

7.1 为什么要做微商内训

微商品牌的成长，离不开整个企业团队的成熟，而推动这种成熟的手段，则非内训莫属。

微商内训是指微商针对管理和营销团队所开展的培养和训练活动。活动目的在于提高人员素质、工作绩效和对品牌的贡献。利用内训，能够有更多时间结合企业自身实际情况，对工作内容展开讨论，为品牌带来直接效益和价值；能够为营销团队的管理人员统一理念和思想，搭建沟通平台，提高经营效益；能够增强微商团队的凝聚力，强化对代理人员的吸引力，提高整体营销水平。正因如此，越来越多的微商开始认识到，内训通常是最能夯实品牌发展基础的重要手段。

与此相反，忽视了微商内训，甚至在缺乏内训的基础上扩大营销队伍，最终受损的还是微商自己的品牌。

钱小姐一开始代理了两款美容系列产品，由于她自己工作努力勤奋、待人接物彬彬有礼，外在形象又很出色，很快吸引了不少当地朋友购买。半年下来，她已经发展了十来个下级代理，有的下级代理也有了自己的下级，小钱的产品很快销往了省外。

看到这样的变化，钱小姐心里很高兴，她正式启用了新的LOGO，又印刷了自己和团队的名片，决定打响“小钱美妆”这个品牌。为了尽快造声势，她给代理更好的提成政策，鼓励她们多发展自己的代理。

不久之后，付出似乎得到回报，代理人数果然迅速上升。和以前不同，新的代理不需要钱小姐进行培训，就能在上家的引导下投入工作，发货频率也越来越快。看起来，“小钱美妆”正在向大品牌发展，钱小姐感到未来很有希望。

没想到，一封《这样的微商产品谁还敢买》的帖子开始在当地论坛、微博群组和微信朋友圈中扩散，内容大意是某客户在“小钱美妆”购买产品之后，由于对某些功能存有疑问，于是打算联系代理，没想到无法找到代理，最终等来的是一句“不想要就退货吧”的冰冷回复。客户感到很气愤，又投诉无门，便上演了如此一幕。

钱小姐查清事实真相后立刻联系了客户，表达了歉意，也非常严厉地批评了那位代理和她的上家。此时她才清楚，“走慢一点，反而会更快到达”，想要让品牌迅速壮大，不能以减少培训投入作为代价。

钱小姐的微商之路说明，内训看似需要花费时间和精力成本，但其投入却能减少经营发生的风险，保证品牌的健康成长。

7.1.1 微商内训对品牌的三大价值

相比传统企业的培训方法，微商内训对品牌具有独特价值，如图7-1所示。

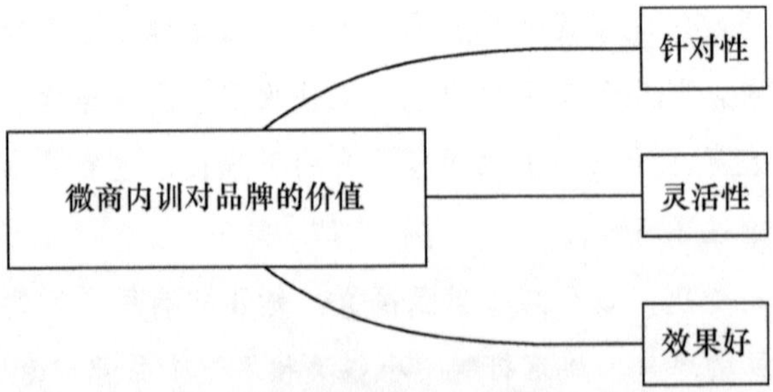

图 7-1　微商内训对品牌的价值

1. 针对性

微商创始人或者代理、员工所选择的个人进修、培训，很容易因为每个人目标不同而表现出功利倾向，如获取某资格证书、参加某代理资格考试等。因此，这样的个人进修培训并不一定和他们正在进行的工作紧密相关，对个人的利益要大于对品牌的重要性。但微商内训的针对性是集中的，方向是明确的，从整体流程和内容上确保了培训成果体现在品牌成长上。

2. 灵活性

既然微商作为整体进行内训，可以自由安排内训形式：既可以安排在线上的微信群、QQ 群、语音聊天、视频直播，也可以安排在线下，如办公所在地、酒店、咖啡馆或者是家中。这样，微商就能够根据自身实际工作情况安排培训时间。当然，也可以在节假日时间或淡季时间进行内训，既能够确保参与内训的人数，也不会影响正常工作。

微商内训的灵活性不仅表现在上述方面。对商家而言，培训质量是相当重要但又不便控制的，而培训内容、培训讲师、培训对象和培训评估，都会最终影响到培训质量。如果采用传统的外部培训，单个商家难以掌控如此多的环节，进而会影响培训质量。但在微商内训中，这样的几个环节可以由领导者自己进行选择并决定，也就能够保证更稳定的内训质量。

3. 效果好

在微商内训中，如果任用内部人员主讲，则主要成本就是时间成本之外付给内部培训师的少量补贴，培训费用会大大降低。如果聘用外部培训师进行培训，则可以通过增加学员数量的方式，降低人均培训费用。

同时，正因为微商内训形式多样、包容性强，大家可以针对具体问题共同探讨，真正解决品牌发展的关键问题，也体现出内训的规模经济特点。实践中，微商内训能够促使代理、员工的理论水平有效提升，也能很好地结合营销实际解决问题，是微商团队成长的快捷通道。

7.1.2 微商内训对品牌的四大价值

综合上述优势，微商内训在实践中表现出的重要性还有以下几个方面。

1. 缩短员工成长时间

微商营销本身属于朝阳产业，人员更替比较快，淘汰率较高。想要让团队成员尽快稳定下来，商家本身就要提供能够让员工迅速学习、迅速成长的条件。在微商内训中，无论是内部培训师，还是外部培训师，都能通过知识共享的形式，较快实现经验转移，帮助队伍中的新成员迅速成长。

2. 对优秀员工加以激励

毫无疑问，微商代理队伍中的优秀员工是内训师队伍的重要来源。对于优秀员工而言，内训师的荣誉很可能比单纯物质激励效果更好，因为其代表的不仅有商家对员工个人综合工作表现的认可，同时，也是其个人职业生涯未来发展的有力资源。即便单纯从精神层面来看，能够为其他同事进行培训和知识分享，本身就是很好的精神安慰。

在微商团队内部，一旦形成内训制度，即便对那些尚未成为讲师的员工，也能起到示范作用。这将能鼓励更多员工成为优秀者，并为品牌贡献价值。

3. 获得外部信息

和内部培训师相比，邀请外部培训师来做内训，无论在行业信息、专业知识方面，都能够提供更多新颖内容。例如，在内训中适当启用外部培训师可以结合他们的宽阔视野，为商家提供新的思路，看到之前看不到的可能性。另外，由于外部培训师和商家没有直接的利害关系，和员工团队也不熟悉，就能相对客观理性地指出企业存在的问题。

4. 宣扬品牌文化

在品牌形象中，文化的分量占据了相当重要的部分。微商内训是宣扬文化的大好机会，也是对员工统一思想的过程。尤其是在员工数量较多、层次较多的微商团队中，很可能汇集了各色人等，在平时的工作中，缺乏机会进行全面整体的文化贯彻，而在内训中，领导者则能够借助培训师的力量来达成目标。

7.2 团队文化与精神即是品牌形象

曾几何时，微商被看作“游击队”，传统商业看不上微商，认为微商缺乏正规企业的运作模式，电商也不理解微商，认为这不是互联网商业模式的正道。伴随微商的崛起，这种偏见和误解早已消除，但微商团队文化和精神的打造工作，却依然不能停止。无数微商领导者都清楚，只有让品牌背后有充分的文化与精神支撑，品牌才能得以长青。

文化，是微商团队的精神体现。良好的团队文化，能够让团队成员在轻松愉快的心境下工作，他们的创造性和潜力会得到最大程度的激活。相反，如果缺乏真正具有凝聚力的团队文化，上下级代理之间缺少沟通和信任，同事之间相互推卸责任，就很容易导致微商团队的内耗。

当这样两种情形表现到不同的品牌形象上，前者给外界的感受是美好的、充满活力的，而后者则会呈现出负面特征如空喊口号、一盘散沙等，甚至整个团队都有可能随时终结。

因此，打造团队文化和精神是微商内训的重要任务。甚至可以这样认定：

内训作为团队所进行的活动，其形式特点能决定团队文化的走向。

一个延缓女性衰老产品的微商团队，在内训中始终强调“投资快乐、收获回报”的思想理念，并将之变成了整个团队文化。

在内训中，无论重点分享什么内容、解决什么问题，从商家领导者到内训师都要呈现简单的逻辑：只有当客户开心，才能带来更多的客户；只有代理销售员工们开心，他们才能让客户开心；只有当客户和员工都开心，品牌才能成长。

在内训中，从品牌创始人到培训师，再到各级总代理，都将自己看作普通员工中的一员。例如，线上培训时，如果培训师是外部邀请来的专家，创始人会和员工一样称呼其为老师，和员工一起提问，一起分组讨论。在线下培训时，创始人和其他领导者也会完全遵守秩序、准时参加培训并聆听讲课，完全没有高层的架子。

其次，在不同内训中，这家微商会对员工们的分组讨论名单事先做出明确划分。不同的代理团队时而统一、时而分散，形成不同的讨论小组，这样，员工总是能和新的“同学”进行分组学习和讨论，相互取长补短，同时增进了解。这种有分组但又不分家的内训文化，让所有人意识到自己身处在一个集体中，利于形成整体的品牌意识，推动员工进行更大范围和更高层面的学习。

另外，该商家还利用大量的内训时间来磨合员工，让员工接受并实践“美丽并快乐”的团队工作文化。在培训中，商家还准备了各种有趣的小礼品对员工的优异表现进行奖励，让每个人都能时刻体会到传递快乐，是品牌文化的核心，是管理层高度重视的。这样，她们才会将快乐带给客户。

该商家利用培训来营造团队文化与精神，具有相当高的可借鉴价值。微商只有先准确定位自己的品牌内涵，再通过内训传递给员工，形成良好的传统，才能从中得到反哺品牌的能量。为此，领导者需要做好以下几点。

7.2.1 选择正确的内训参与对象

不要总是让各级代理自行培训，相反，要将所有代理员工都看作商家的统一团队员工。要在每次内训之前，先考虑好选择哪些人员参加培训，然后将不适合本次培训的人排除出去，以免无法通过统一培训手段有针对性地打造团队整体文化。例如，可以为新员工专门做培训，也可以对老员工专门进行培训，还可以按照从事微商工作年限、级别高低、收入多少、客户多少及地域分类等原则进行区分。

7.2.2 充分磨合、沟通和协调

正确分类和选择了培训对象，并不意味着团队文化能够轻而易举形成。在培训前，需要组织培训师和他们进行磨合，在磨合期内，可以和每个人分别交谈，观察其中哪些人的何种理念、思想、观点和行为方式有可能与品牌内涵、团队文化相互碰撞和冲突，并加以记录整理，体现在培训内容中。

在培训中，要随时注意分享、互动和讨论中所暴露的问题，利用内训师的讲解，尽量加以解决。如果无法完全解决，就应该准确记录，以便在培训后进行引导和改变。

7.2.3 普遍参与感

优秀的微商团队文化必然是所有人共同形成的，不可能是创始者个人或培训讲师自己在办公室随便编出来，或者从其他企业文化中照抄过来的。团队文化只能是在一次次内训过程中，在已有文化的熏陶和渲染之下，结合微商品牌的定位逐渐形成的。

在很多线下培训讨论时，员工会积极讨论、热情发言，纷纷表达自己的看法。还有不少培训选择先喊团队口号、唱微商之歌、团队之歌等。通过这

种仪式带给团队一种普遍参与感，让每个成员发自肺腑地对学习内容自觉履行、遵守和维护，使之成为团队中每个人的潜意识。

7.2.4 继承和延续性

品牌追求生命力长久，因此，优秀的团队文化的形成也需要固化和传承。培训不能因为更换某些领导人就荒废或改变，也不能因为培训师的不同而不同。我们可以利用团队文化手册、培训手册，以及视频和录音等，将团队文化固定下来，并在培训材料准备中加以利用，让团队文化不断深入新加入的员工心中。

此外，为了让团队成员（尤其是“新人”）能够顺利理解品牌内涵，在编写团队文化培训手册时，还应该尽量将文化中的每一条款、每一部分，都用真实发生过的案例来诠释，确保在内训中的讲解不至于枯燥、乏味和抽象化。

文化是微商品牌的灵魂，具备这样的灵魂，每个员工才能在品牌中找到自己的地位和价值，并为品牌创造新的辉煌。

7.3 内训师是他山之石，可创新，可借势

在微商的团队培训中，内训师是最主要的师资力量。然而，怎么选内训师呢？传统企业培训师很难不经任何准备就承担这样的重任，而从未接触过微商的专家学者，也不可能长远担任培训师并进行制度化的内训。

因此，内训师的来源往往需要从内部或同行中挖掘，即所谓内部兼职讲师，这类讲师应该在其从事的微商领域或岗位中相当优秀，能够担任“他山之石”的角色，帮助团队现有成员进行创新或借势。

7.3.1 内训师来源多样化的好处

某微商团队销售员工内训中，其团队领导人请来业内有影响力的郑清元老师担任培训师。

之所以做出这个决定，是因为该领导知道，销售员工在日常工作中会遇到各种各样的情况，接触到各种各样的人。尤其是如何处理顾客的询问，实际上需要非常专业的解答。郑清元老师从事微商行业多年，做微商团队培训非常有经验，再加上郑清元老师在行业内非常有人气，经过他内训后，团队成员的士气会高涨不少。另外，成员们在内训过程中还能利用和郑清元老师合影的机会、提问回答的机会等曝光自己，在朋友圈引流。

实际上，这次内训的效果非常棒。一方面，员工因为见到了极有实力的内训师，在精神上受到了鼓舞；另一方面，通过郑清元老师的影响力，团队产品得到了极大曝光，引流效果极好。

这说明，内训师的价值是巨大的，只要善于选择，效果会非常好。当然，内训师的人选，可以比较自由，无论是现在的同事，还是以前的朋友，或者是其他行业微商团队的成员，甚至是有竞争关系的同行，只要能够为团队培训带来新鲜血液，并拥有一定的影响力，就是值得考虑和任用的内训师人选。

内训师来源要多样化，这起码能够带来以下好处。

1. 激发内训师竞争热情

如果一个团队只有创始人或者其他少数固定人员授课，很容易导致培训内容单一，员工无法接收到新鲜的观点和经验，内训师也缺少启发和竞争。相反，商家有必要采取“邀请”制度或“点将”制度来扩大内训师范围，可以邀请团队以外的人来上课，或者提前点名要求团队内的人准备授课等，既能够调动内训师的工作热情，营造出你争我赶的竞争氛围，又能提高培训水准。

2. 调动下级代理的培训热情

微商团队内训并非只是领导层应着手安排的工作，在各级代理所管理的团队中，也应进行日常内训。但由于工作目标和业绩的客观限制，不少代理可能满足于现有人员的素质和能力，不愿抽出时间进行培训。扩大内训师来源范围可以带给代理们应有的危机感，促使他们主动创新求变，找到适合各自团队的内训方式。

7.3.2 内训师选择的 4 个策略

当然，正因为内训师肩负着创新和借势的重任，所以微商需要主动建立内训师培养和选择机制，具体说来有 4 个策略，如图 7-2 所示。

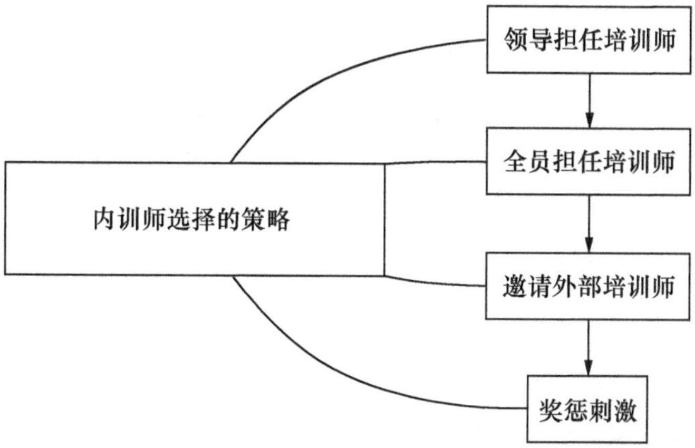

图 7-2 内训师选择的策略

1. 领导担任培训师

团队所有的领导和高级代理人员必须是兼职内训师，并轮流为员工培训上课。建立这样的机制，能够培养培训师队伍的骨干成员，确保内训师来源可以覆盖整个团队的不同部分。此外，领导和高级代理人员担任内训师，会促使他们对日常营销工作产生新的观察和思考角度，将眼前的工作和日后的发展联系起来。更重要的是，领导和高级代理人员距离员工最近，他们完全能够通过培训之后的工作观察，判断员工是否真正吸收了培训成果并体现在工作上，而且找出其中问题所在。

2. 全员担任培训师

建立了有效的领导培训制度后，团队应该进一步建立全员培训制度，即每个上级代理同时都是下级代理的教练。哪怕只有一两个新代理，也应该立刻进入角色，开展培训。最终达到“人人都是内训教练”的程度，让每个人都可以担任其下线代理的他山之石，提供比对标杆和学习经验。除此之外，微商团队还可以划分出其他不同的培训模块，如以产品系列为划分标准，以服务内容为划分标准等，在每个领域中形成课程，并就这些课程安排不同的兼职内训师。

3. 邀请外部培训师

邀请外部内训师，应该根据对方的知名度、专业相关度、培训能力等进行综合分析。如有些微商创业者虽然沟通能力并非最好，但在某个领域如用户引流上有着相当独特的经验和成绩，这样的人才也可以着力邀请来做分享。

4. 奖惩刺激

对于内训师，团队要及时给予物质上的刺激，如发放培训费、课时费、研发费；可以进行年度评选优秀内训师，并发放奖金。此外，还可以给出精神方面的鼓舞，如比较优秀的讲师，可以获得较好的团队人员配备，可以得到参加重要论坛会议的名额资格等。

为了强调内训工作的重要性，微商必须能够在单项奖励之外建立起重视内训的团队文化，如果没有在文化上形成鲜明的倾向性，就无法充分凸显执行内训的重要性，更谈不上借助内训来完成创新。

例如，团队可以在人才储备比较充分的情况下，要求人员晋升时必须具备条件：**即在团队内部培训中达到一定时间段的授课量**。通过这种做法，能够让一个员工明确自己越是往上进步，就承担越多教导下属的责任，越需要发挥内训师的职责。

7.4 内训是品牌资源整合的绝佳机会

品牌的成长和壮大并非一日之功，如同幼苗长成参天大木，需要源源不断提供营养的土壤。因此，微商有必要利用定期内训的机会，充分整合团队所掌握的资源，从而确保品牌的支撑资源始终处于最佳状态。

某品牌主打男性保健内衣产品，其代理员工队伍人数已达五万多人，产品营销范围覆盖华东、华南。因为品牌新的目标是将产品打入西部，该品牌创始人希望利用内部培训来对现有品牌资源加以整合。

首先，他要求各省市级别的代理，抓住新人培训机会进行品牌推广。在新人加入之后，着重对他们进行产品基础功能、品牌来源、品牌历史、品牌最基础的培训，确保每个人都能尽快熟悉品牌，了解其中关爱男性、尊重和谐的文化理念，并能将这样的理念融入平常的工作中去。

为了确保达到此效果，创始人不仅要求各级内训师对培训课程和教材进行调整，还要求每个级别的管理者对内训师授课之后的效果加以评估，抽查新员工的工作态度和方法，观察能否展现出产品品牌应有的形象。

其次，在对高级别代理和团队领导进行的培训中，创始人要求每个人都能够围绕课程专门的话题，在自由讨论中说出自己的思考成果，汇报下一步管理工作的策略。他认为，不同部门、不同地域的团队文化是否一致，决定了品牌形象在消费者眼中是否统一，只有将内部培训本身和工作战略部署充分加以结合，才能保证团队高层管理不会各行其是。

再次，如果机会适合，该品牌的内部培训还会适当对老客户开放，并邀请他们发表意见。创始人认为适当地让老客户了解团队成长变化的过程，既能够拉近情感，又可以向用户展现自身努力提高服务质量的诚意和信心。

更重要的是，当老客户亲眼看见和聆听团队文化后，和品牌之间的心灵距离会进一步拉近。此外，即便是那些不开放的培训，创始人也会要求各级代理在培训之后及时对部分聊天记录、培训现场进行截图，然后按照要求，展示在员工的朋友圈，或者发送到客户所在的社交群体中，这将集中展示员工和讲师的风采，表现出该团队始终不甘落后、自我提升的健康积极形象。

通过积极展示和运用，在该品牌团队中，内训已经不再是员工和讲师眼中的任务，而是品牌得以展示、资源得以合理整合的平台：在一次次培训中，很多人才脱颖而出，被调配到更适合的岗位上，而在内训后讨论中所形成的品牌推广方案，也被事实证明确实行之有效。

内训真的只和团队“内部”有关吗？答案当然是否定的。从上面的案例可以看出，品牌的表现虽然是外在的，但其如何表现却与内在资源的调配、运用密切相关。

7.4.1 内训整合资源的三大价值

从品牌方面来看，内训有以下直接的重要作用。

1. 优化人力资源结构

通过内训，微商团队领导者能够引导新员工接受文化、发现现有员工的潜力，同时也能激励老员工继续自我提升等。

更重要的是，在内训中由于员工和上级可以通过分组形式进行组合，打破原有工作结构进行交流，这样的尝试能够提供更多可能，让上级代理和不同的下级代理进行接触，拉近情感同时，也能让上下线之间充分地互相了解，并寻求更好的搭配可能。毫无疑问，当那些原本工作表现并不突出的下级代理，得到与其搭配得当、彼此适合的新上线指导后，对于提高整个团队业绩会有极大好处。

2. 丰富外在品牌形象

如果微商团队展现在外界的只有不断发货、销售和提供售后服务，却没有体现出应有的反思和进步，那么消费者看到的品牌形象永远是单薄无力的。利用内训时所积累的文字、影音等资料，及时展示团队人员的扩充、水平的提升、结构的优化等，能够获得消费者的更多承认，也能在同行中引起足够的关注度。这样，品牌形象就能够变得丰满立体起来。

3. 挖掘潜在营销资源

在微商体系中，由于点对点的营销特点，很多有利资源会跟随员工个人转移，不通过一定程度的挖掘，很难为团队所用。正因如此，商家要将内训看作对员工进行观察和调研的重要机会，通过内训，领导者能够从品牌发展角度出发更深入地了解员工特点，并充分利用。

在新员工内训中，可以让员工填写社会关系表，汇总之后，由领导层分析判断其中哪些有利于进行品牌营销扩张；在邀请外来内训师上课之后，可以对其进行回访互动，了解对品牌和团队的看法，进而得到有利的营销策略建议等。

7.4.2 内训整合资源的 4 个步骤

内训有十分积极的意义，值得和品牌建设密切联系起来。但如果做法不当，内训也很容易变成简单的走马观花，徒然消耗成本。要想将内训变成整合品牌资源的绝佳机会，需要做好如下的流程，如图 7-3 所示。

1. 分析

分析目前团队发展中面临的主要问题，这些问题对于品牌形象有什么样的影响。领导者可以通过客户反馈、员工交流、市场调研等，了解这些问题背后的需求。同时，掌握这些培训需求，也是掌握了品牌资源整合的具体方向，因为实际运营中表现出的问题，很可能就是阻碍品牌发展的症结所在。

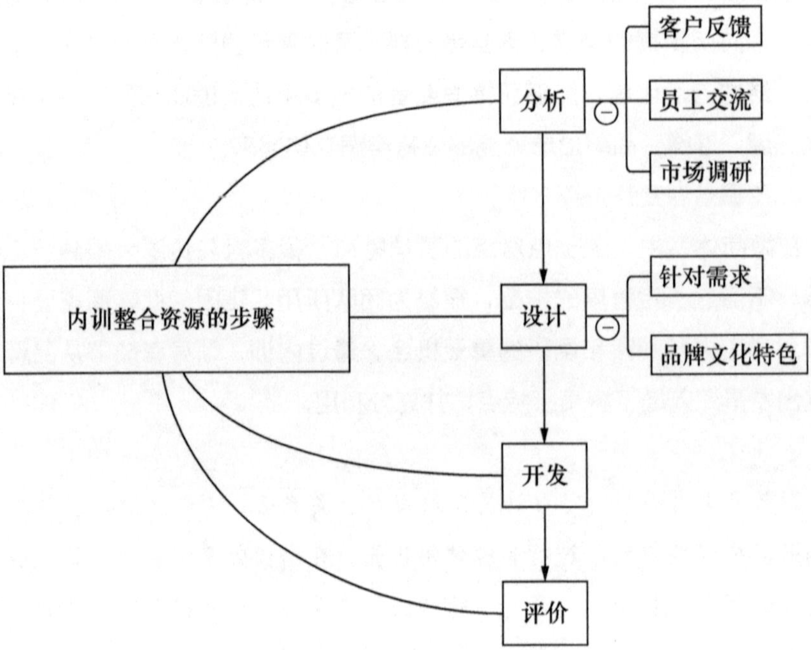

图 7-3　内训整合资源的步骤

2. 设计

针对分析出的问题需求，由领导者和内训师共同设计课程，课程应围绕培训需求实际进行，明确体现出方法上的主要特点，反映出哪些是受训者需要了解并做到的。

在课程设计中，除了针对需求之外，还应具备品牌应有的内涵，反映出品牌文化特色所在。例如，品牌文化强调团结、友善，课程中的互动部分就应该突出这样的气氛，让被培训者能够真切感受到这种文化的影响。相反，如品牌文化强调锐意进取、积极拓展，则课程设计就应积极鼓励员工独立思考、相互竞争、自由表达。

3. 开发

培训开发过程是对培训材料和媒介的寻找、选择或创造过程，在这一过程中，应该重点对实施培训所需要的材料进行检查和修改。培训组织者和内训师应充分配合、共同协商，使材料中利于品牌资源整合的部分得到充分彰显，对不适合品牌发展的部分加以修改或删除，确保呈现在参训者眼中的材料真实、集中体现品牌精神内涵。

4. 评价

在培训结束之后，领导者和内训师应该及时确定受训者是否学到了真正需要掌握的品牌知识内容，其中包括整体上学习了多少、学习的效果如何，也包括细分上有多少人学得较好、多少人掌握不足，以及具体何种原因造成的差别等。利用对培训的评价，形成进一步整合人力资源和团队结构的依据，以便为品牌发展提供更好的队伍能力支撑。

7.5　如何选一个合适的内训师

伴随微商对内训工作的重视，越来越多的微商企业开始组建内部培训师团队。对于企业而言，建设内训师团队、选拔内训师人选，能够降低内训成本、建设内部培训资源、提高内训效率，进而优化团队文化，形成良好的价值观。为此，在组建内部培训师团队过程中，离不开作为中心环节的内训师选拔工作。

黄女士创建了自己的微商品牌之后，拥有良好的货源，代理队伍也日益壮大。鉴于客户覆盖范围不断变广、发货量逐渐加大，黄女士希望能够通过内部培训，让新加入的代理体现出统一的精神风貌，便于展现完善的品牌形象。为此，她安排了每周一次的团队内训，由自己和几个主要代理进行讲课。

一段时间后，黄女士发现，虽然培训表面上开展得很不错，但实际收获的效果却并不明显。由于只有几个培训师，员工们反映学习到的内容似乎大同小异，而且授课方法也比较单一，无法引起真正深入的思考和讨论。黄女士开始思考，怎样才能让授课的内训师队伍日渐扩大起来？如果暂时没有合适的讲师，自己又应该去哪些地方找到这样的人才呢？

黄女士的问题，可能是很多微商品牌在上升过程中都会遇到的具体情况，领导者希望通过培训来提高效率，但又被团队现状所束缚，导致人手不足。想要破解如此瓶颈，微商领导者要学会去从人力资源角度看待内训师。

7.5.1 内训师的 4 个基本功

一位合格的微商内训师，既要有比较全面而深入的微商从业经历，又要具备不同于普通营销人员的基本功底。

1. 良好的表达能力

普通营销人员面对的是客户，而内训师面对的则是员工。因此，内训师仅具备营销话术的普通知识是不够的，他们应该具有更高的表达能力，这并非要求内训师具有演说家的水准，而是要求他们能够将比较抽象的理论、碎片化的经验、难以短期理解的技巧融入形象案例中进行表述。这样的表达尤其适合普通微商从业人员学习。

2. 要享受培训过程

内训师的水平有高低之分，经验有多少之别，但他们必须要能够充分享受培训的过程。首先，内训师要有包容的心态，他们不能因为害怕被超越而拒绝分享真正有用的营销知识。相反，他们应该理解，在知识和信息爆炸时代，营销领域没有什么知识和技巧是可以长久保密的，只有坦然开放、相互讨论、相互启发，才能不断进步。其次，内训师应该有反省的习惯。他们不能满足于一两次成功的讲课培训，将之看作完成阶段性的任务，相反，他们应该珍惜每次交流分享的机会，将其看作自己职业生涯上升过程中必不可少的积累和锻炼。

3. 要真正忠诚于品牌文化

每次内训都是微商品牌文化在员工群体中的传播，内训师一定要忠诚于团队，即便是在讲授单纯产品知识或者营销技能的时候，他也应该能够积极强调团队的核心价值观，将品牌文化渗透到培训中去。为此，内训师自己也应该是能够以身作则的人，应该清楚“其身正不令而行，其身不正虽令不行”的道理，无论是工作效率还是态度，都应该具有超过其他员工的表现。

4. 要能够不断学习

正如格言所说，“台上十分钟，台下十年功”，能够担任培训工作的内训师，对自己所讲的每一个课程起码要研究思考数月甚至半年的时间，而所有课程中需要的微商营销案例，也需要他们在行业中积淀多年。

因此，微商团队需要挑选那些善于学习、善于积累而且有一定工作年限的员工，让他们从试讲开始，通过实际培训和反馈调整，找到内训师角色的感觉。如果每年能挑选出十个左右这样的员工，数年下来，就相当于为团队找到了一家咨询公司作为坚强后盾。

7.5.2 内训师选择的 3 个衡量标准

以上述原则为出发点，微商团队选择内训师的步骤如下。

1. 分析团队实际情况

领导者应该分析整个微商团队和品牌的发展阶段，属于创业期、发展期还是稳定期，只有对此做到心中有数，才能做好对内训师的选拔工作。如果微商团队刚刚成立，暂时就不需要设立专职培训师，可以由创始人自己和有经验的人才进行兼职担任；如果微商团队处于发展期，涌现出较多有良好素质的员工，就有必要从中选优担任；如果团队已经处于稳定期，就需要挑选员工担任全职内训师，并建立相应的考评绩效制度，促使其愿意履职。

2. 制定选拔方案

制定选拔方案是非常关键的步骤。不少微商团队在选拔内训师时，或者是领导者自己“灵机一动”，随意指派，或者只是靠简单的填表、提问和打分来进行选拔，既没有详细的标准，也没有新意，对选拔者谈不上吸引力，最终只能吸引那些原本就希望担任内训师的员工。

选拔内训师本身也是品牌的一种对内营销，和推荐产品一样，要进行精心准备、充分铺垫和全面宣传，只有让选拔内训师本身作为一种营销活动开展起来，才能带动全体员工对内训师关注。

（1）要利用线上线下的一切场合，宣传内训师对于品牌发展的意义，让团队中的所有成员接收到相关信息。

（2）由品牌创始人牵头开展选拔工作，而不是简单地委任给某个领导者或各级代理，否则就会各行其是。

（3）设定好具体时间，如宣传动员阶段、报名阶段、选拔阶段、选拔后培养阶段、培训实施阶段。让员工们清楚时间表，以便建立其对应的期待感。

（4）宣传分享政策，包括奖励政策、福利政策等。对内训师的激励应该充分，包括课件费、授课费、不同级别的津贴费用等。此外，还应该宣传精神层面的福利，包括活动、学习和获得荣誉的机会。

3. 实质性选拔

需要准备好物质和非物质两大方面。非物质方面应该以横幅、标语、宣传单、宣传片、证书等为主（线下培训师选拔会），物质方面应该有参选名单、课程介绍、评审表以及培训场地及需要的白板、白板笔、话筒、音响等。

具体选拔过程中，应该由每位参选者围绕其各自课题进行 10 分钟左右的教学，并由评审人员打分，最终现场统计并公布分数，宣布内训师名单。

Part 8

构建微商社群，壮大微商品牌

8.1 社群标识品牌化与粉丝标签品牌化

从小米的粉丝社群、罗辑思维，再到各地新兴的粉丝社群，伴随微商的遍地开花，社群作为一种新兴的品牌成长方式，越来越受到微商创业团队和传播群体的青睐。但问题也随之出现，如果空有品牌却没有对社群的清晰定位，那么微商社群就有可能陷入“乌合之众”的尴尬境地中。

8.1.1 给社群一个精准定位

一个美食微商团队，其产品包括线上预订外卖和线下实体门店两部分，在品牌形成之后，伴随业务的扩张，微商领导者很快建立了专门的QQ群和微信群，希望加强用户和用户之间、用户和微商之间的联系。

最初，QQ群和微信群中非常热闹，很多人发表着自己对产品的看法，还有人分享自己的午餐菜单。但几个月后，QQ群和微信群开始沉寂下来，偶尔有人说话，话题却和美食产品并没有关系。虽然群主动辄发放红包，但大家还是默默无语。

这家微商的创始人感到失望：不是说可以通过构建社群来强化品牌的影响力吗？为什么明明做了努力却看不到成效？

社群经济为商家带来收益是完全可行的，但很多商家像案例中那样，投入了很多精力，招聘了专业团队，开通了微信、微博、贴吧之类的平台工具，但结果还是面对着沉寂的社区、活跃粉丝极少的情况。即便有活跃者，也是在闲聊，根本无助于推广商家的品牌。

其实这样的问题并非是社群化带来的，而是因为没有给社群冠以精准的定位造成的。当 QQ 群、微信群运行一段时间后，甚至连商家自己都不清楚这些社群是用来做什么的，那结果必然会沦为鸡肋，可有可无。

想要为社群准确定位，就应该清楚什么是社群、社群如何分类。

1. 社群的定义

社群是移动互联网上自由人的自由联合，是指一群有着共同利益或者趣味追求的人抱团社交，所有人地位平等，能够互动、交流、协作和感染，每个成员都能从社群中受益，也能将利益带给社群。

2. 社群的分类

从载体角度分，社群可以划分为产品型社群、自媒体社群、服务型社群等；从范围上看，社群可以分为品牌社群、产品社群、用户社群等。实际上，绝大多数微商社群不可能只属于其中一种，而是会同时具备其中多种功能。

例如，某微商用户群既是产品社群，即围绕其提供的产品形成的用户社群，也是品牌社群，即认同该微商品牌文化的群体，同时也可能是服务型社群，即社群能够为其中每个成员提供服务。

有鉴于此，想要准确定位社群，一定要分析产品当下主流用户的需求，并了解他们的社交场景。更重要的是，由于社群本身是能够自生长、自消化、自复制的，对于社群成员的挑选，就成为定位社群的关键步骤。

在挑选社群成员过程中，需要掌握几个要点，如图 8-1 所示。

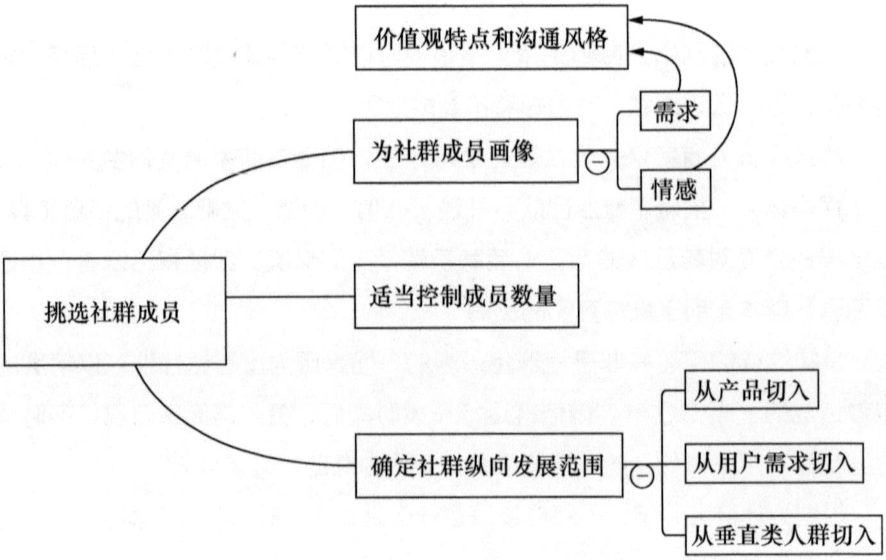

图 8-1　挑选社群成员需要掌握的要点

1. 为社群成员画像

基于用户需求和情感，为社群成员进行准确画像，确定社群的价值观特点和沟通风格。例如，价值观包括励志型、娱乐休闲型、文艺型、知识型、家庭型等。沟通风格上有亲切型、高雅型、格调型、时尚型等。根据上述特点进行组合，就能基本上“画”出适合社群的用户。

2. 适当控制成员数量

社群创建之初，最容易犯的错误就是什么用户都要。商家急切希望活跃社群，反而会导致用户质量下降、社群体验不佳。

在社群创建初期，最好能够通过成员之间彼此价值观上的吸引和认可来形成关系链接。这样的链接贵在质量而不在数量，应适当控制成员数量的增长，甚至在成员相互熟悉之前不接纳新成员。通过类似做法，能有效提高社群质量、完善社群定位。

3. 确定社群纵向发展范围

根据商家拥有的资源和优势，确定社群纵向发展范围。社群可以从产品切入服务，以产品功能体验引领服务价值，也可以从用户需求切入，逐步叠加势能，进行价值布局。此外，社群还可以从垂直类人群切入，逐步扩展覆盖面，也可以直接提供给用户一个完整的消费生态……选择这些定位，要看的不仅是社群本身，还有商家所拥有的资源、能力、魅力、运营水准。

8.1.2 社群标识与 LOGO 设计

对于品牌来说，构建社群更重要的作用在于打造更多和用户接触的机会，将商家和用户之间的连接时间变得更长。

在传统商业时代中，产品卖出之后，商家几乎没有和消费者广泛沟通的渠道，而产品生产之前，商家也无法找到消费者进行沟通。但利用社群，品牌能够打造和用户长期“恋爱”的过程，可以形成长期互动关系，无论在产品生产或销售前后，商家都能够得到用户的关注，获取他们对产品的意见。但问题也接踵而至，如果互动关系变得更为长久，商家如何为特殊用户群体进行标识从而变换互动？一个合理而优秀的 LOGO 设计必不可少。

社群标识和 LOGO，远非美术创意那么简单。作为代表品牌和用户群体之间的联系，标识和 LOGO 也是一种产品，应该是由商家、受众共同参与创作而形成的。因此，无论标识和 LOGO 看起来是否漂亮，只要融入了受众的表达意愿，就一定能代表这个群体。

某海外代购微商团队，为老客户特意组织了 QQ 群和微信群，供用户们在其中讨论选购产品的心得，有时也会有营销人员发布最新的代购信息。

一开始，QQ 群和微信群的命名都是由商家自主决定的，但随着客户群体的扩大，商家决定由社群成员们自行命名和设计 LOGO。当消息透露之后，很多成员表现出了兴趣，纷纷要求提交自己的创意。于是，该商家干脆将命名和设计方案变成了一次活动，所有群内成员都可以自由表达，形成方案，再放在群内进行匿名评选。

通过这次活动，不仅社群得到了令人满意的名称和LOGO，商家的品牌内涵也在活动中得到了充分贯彻。许多用户表示，自己和品牌的情感更近了。

在为社群创立名称和LOGO时，完全可以学习案例中的团队，和消费者共同赋予社群以名称和形象。

1. 定制化名称和LOGO

商家可以负责提供品牌内涵和素材，让社群成员自主选择名称的内容、LOGO的颜色等。实际上，这就如同商家提供了“生产资料”，而消费者经过“DIY”来制作出属于自己的品牌。当消费者充满兴趣地投入定制过程中时，就不再只是商家的粉丝。他们用合作者的心态来看待品牌，品牌中也从此有了属于他们的创造。

2. 表达品牌与消费者的共同点

无论采取怎样的形式来选择社群标识和LOGO，其核心是必须能准确地表达出品牌内涵。但需要注意的是，这种表达并不一定全面，而是有所侧重。因为社群更多的是属于品牌消费者的一种联系平台，主要是为这些消费者服务，而并非为产品营销直接服务。因此，社群标识和LOGO有必要突出消费者生活追求与品牌内涵共同具备的特点。

某经销进口红酒微商的社群，在选拔之后，将社群命名为“品酿客”，LOGO也是抽象版、带有绅士意味的侧面人像。其标识和LOGO既强调了红酒产品的灵魂所在，又很好地展现出消费者的人生境界和享受追求。

3. 多应用社群标识和LOGO

不少商家在为社群打造出标识和LOGO之后，除了在QQ和微信群本身活动中使用之外，在其他地方曝光的机会很少。这也导致社群标识和

LOGO 本身难以广泛传播，更谈不上为品牌加分、引流。

其实，商家完全可以将标识和 LOGO 运用在产品宣传上。如将 LOGO 和品牌形象放在一起；将社群名称、二维码和微商官方品牌、二维码放在一起；或者直接宣传社群，让社群活动暂时取代产品介绍成为营销主题等。只有多让社群标识和 LOGO 出现在市场中，才能强化社群中成员的归属感和荣誉感，同时也能让那些新关注者感受到社群与产品之间的密切联系、坚定情感。

8.1.3 如何给粉丝特殊的标签

任何品牌的商品，面对着激烈的竞争想要脱颖而出，起码要具备两个因素：首先是品牌本身的吸引力，其次是渠道的推动能力。由于传统品牌厂家无法大面积直接接触消费者个体，所以无法发现并联系那些忠实消费者，只能借助渠道的推动，但这必然会出让更大的利润空间，损害企业利益。与此相反，微商之所以需要借助社群来经营品牌，就在于社群能够直接接触、管理粉丝，从而节省渠道成本。由于存在这样的区别，微商能否给粉丝提供一个特殊的标签，是决定成败的关键。

一家专门经营男士箱包、皮带和装饰品的微商，就从给粉丝特殊标签的过程中获得了品牌成长。最初，他们只有简单的用户 QQ 群，这个群只是用来群发消息，包括一些产品维护知识、新品信息、健康保养知识等。随着用户群体增多，商家对用户的情况了解得越发深入，开始根据用户的基本信息，如根据用户性别、年龄、地域等资料进行分群。利用这些基本信息来制定群发信息的内容，带来了不错的效果。

一年之后，该商家的粉丝群又进行了新的分类，这一次除了原有群体之外，还增加了按照产品区分、按照购买力区分等标签，在这些标签的“号召”下，每个群都充满活力，群成员也有充分的共同话题和互动兴趣。

虽然移动时代的商业用户分类已经细致到前所未有的地步，但物以类聚、人以群分，拥有了共同而特别的标签，用户彼此之间的共同话题和兴趣爱好会更多，更容易起到拉动社群人气的作用。此外，给社群用户一个特殊标签，能够有效激发他们在社群中的凝聚力和自信心，让他们意识到社群整体性，并能够产生集体荣誉感。

不过，标签的赋予并非是随心而为的，即使粉丝对产品有了一定的忠诚度，也不会对任何标签都点头认可。只有那些能充分体现差异度的标签，才有描述特征、传递个性的意义。同时，标签也是品牌文化在消费者行为表现上的外延，只有准确描述，社群成员才会对其真正认可。

在设定和赋予社群粉丝标签时，需要考虑到以下因素，如图 8-2 所示。

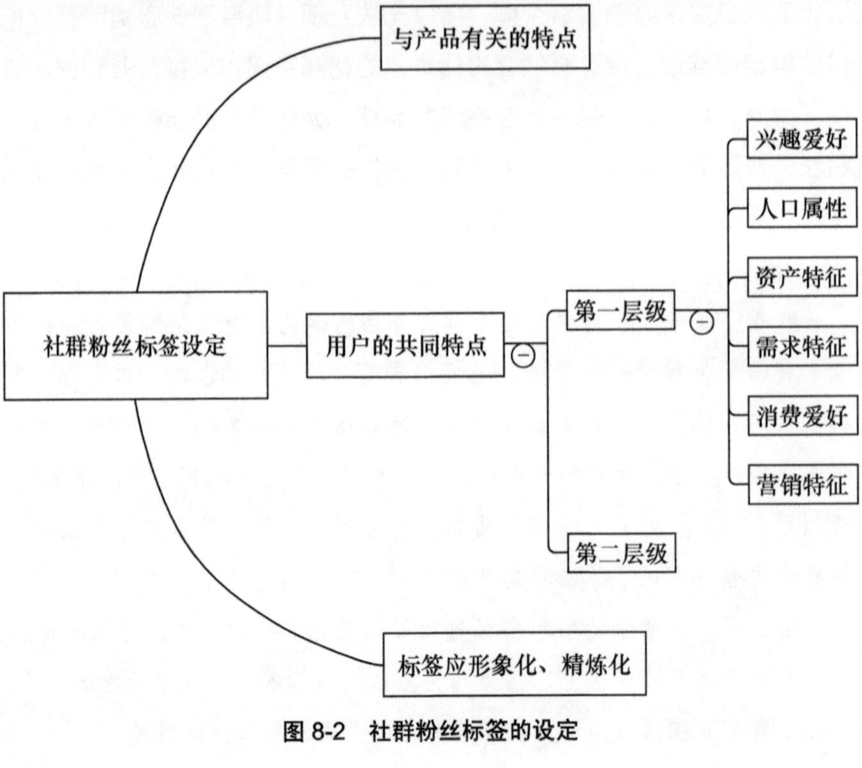

图 8-2　社群粉丝标签的设定

1. 与产品有关的特点

互联网时代，产品本身也是内容，站在微商商家角度设定标签，就要设法将产品内容植入其中，以便利用粉丝和社群的活动对外展示。

以菜品为例，菜品包括菜系、加工程度等内容，也包括味道、品类、食用人群、食用时间等。如果按照配送方式，可以分为堂食、自配、平台配送和第三方等。按照顾客人群，则可以分为“土豪餐”“白领餐”“草根餐”“青春餐”“学生餐”“怀旧餐”等。将这些产品内容组合后，挑出最受社群喜爱的部分放在粉丝的标签中，自然会引发他们的追捧。

2. 用户的共同特点

当微商品牌经营到较大规模时，为用户打标签，既是为了便于管理和发送定制信息，也是为了向外界展示不同的用户群体。总结起来，用户相关特点可以分为多个层级。

在第一层级中，包括用户的兴趣爱好、人口属性、资产特征、需求特征、消费爱好、营销特征等。

第二层级是对第一层级的细分，例如，兴趣爱好包括阅读兴趣、运动兴趣、社交兴趣；人口属性包括基本信息、地理位置、性格信息；资产特征包括购买产品、文化趋势；需求特征包括当前需求、潜在需求；消费爱好包括交易行为偏好、便利性偏好和关系偏好；营销特征包括营销敏感度、风险偏好。

当然，如果对第二层级继续细分，还可以得到更加细分的特点。

在微商社群较小时，只需要在第一层级中找到最具概括性的特点作为标签就足以描述用户，并给予他们共同的身份特征。而当社群发展到较大规模时，就要考虑用更高层级的描述区分不同社群。但万变不离其宗，标签必须要能描述客户的共同特点，才能够产生吸引力和利用价值。

3. 标签应形象化、精炼化

在具体命名标签时，商家应考虑到标签的形象化、精炼化。选择标签的名字时，应做到朗朗上口、便于记忆，还应该充分展现用户特征，同时标签用语也不应生僻，而是生活中寻常可见的。例如，“爱家族”“爱吃粉”“奶粉姐妹”等。这样，当受众看见标签就能联想到和产品有关的特定人群。

8.1.4 如何让粉丝感到骄傲

在快节奏的现代社会中，每个人都被不同程度地异化为一个工作单位、一个信息节点、一个消费主体……正因如此，人们更希望通过加入社群来获得荣誉感，体会到与众不同的骄傲。因此，如果微商社群不能满足成员想要的存在感，成员也就会弃品牌而不顾。真正聪明的微商不会只将社群当成吸引流量、推广新品或者扩大名气的工具，他们还会将社群本身作为一种荣耀，“奖励”给自己的客户。

某健身俱乐部，既有线下店，也通过线上的健身顾问提供咨询服务，吸引消费者加入会员。该俱乐部将会员按照锻炼成果以“年级”区分，再按照不同健身教练的来划分“班级”，并形成了“班级”和“年级”以及整个俱乐部的QQ群、微信群。每隔一段时间，会根据会员的表现来提升“年级”，而每当有人获得提升的时候，就会在各个群里面发放奖励红包、荣誉证书等。

同时，实体店也会展示会员的锻炼成果。每当此时，被提升的会员都感到相当骄傲，他们会在群里积极互动，发表感想，很多人还会自己发放红包感谢教练，还将获得“提升”的截图发到自己的朋友圈中。自然，伴随这些活动，该健身俱乐部的品牌得到积极传播。

另一家微商主要经营母婴产品，其微信社群中大多是二三十岁的母亲。该社群经常采用投票方式，由全体成员选出每周、每月最聪明、最漂亮的宝贝，并发放奖励。为了能够参与这样的活动，很多用户积极上传孩子玩耍产品的视频和照片，还积极进行成员之间的互动。而一旦得到奖励，身为母亲的天性得到充分释放，就会将结果转发到更多的社交媒体中加以炫耀，该微商品牌也因此不胫而走。

让粉丝感到骄傲，意味着粉丝真正融入社群的大家庭中，不由自主地将自己看作营销团队中不拿工资的成员，同时，也会将产品看作自己贡献才智形成的宝贵结晶。当社群气氛好时，粉丝会因为荣誉感、归属感和骄傲感，享受互动时刻中的乐趣。

想要让粉丝具备如此程度的忠诚度，商家应做好以下几点，如图 8-3 所示。

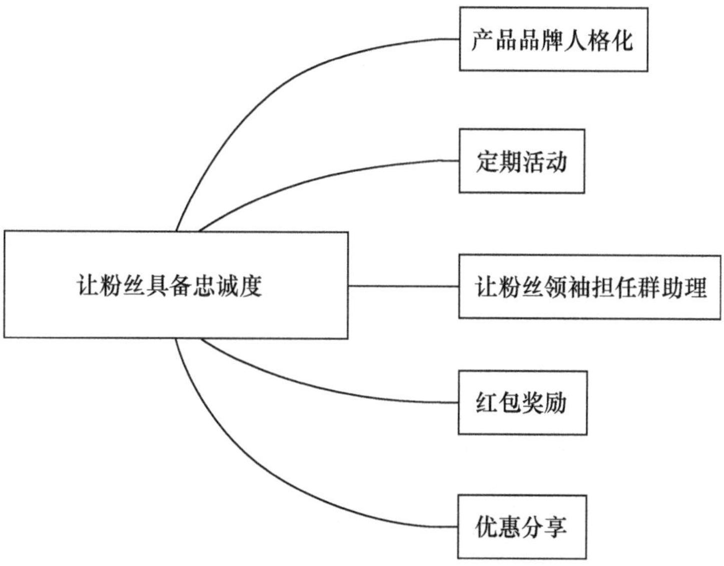

图 8-3　让粉丝具备忠诚度的措施

1. 产品品牌人格化

在社群中，产品品牌应进一步人格化。例如，某比萨微商的 QQ 群管理员可以叫作“比萨叔叔”，群中所有成员都能获得“比萨妹妹”“比萨哥哥”之类的昵称。当这个社群逐步扩大时，用户为不知不觉为越来越兴旺的人气而感到自豪。

2. 定期活动

可以针对不同社群特点的用户，定期组织活动，增加群体内部的活跃性和荣誉感。在活动过程中尽量用商家自己的产品作为奖励等。

3. 让粉丝领袖担任群助理

作为品牌的社群，更需要粉丝的融入。可以考虑让粉丝领袖担任群助理，协助商家成员对社群进行管理。这样的“职务”可以由专人担任，也可以轮流担任，这可以使用户一方面能够增加荣誉感，另一方面也能提升对品牌建设的参与感。

4. 红包奖励

在社群中抢红包，对于许多人而言已经成为习惯。商家可以定期在群内发放红包，数额多少不论，但可以增加成员对群的关注度，另一方面也能激发他们的骄傲感。

5. 优惠分享

定期进行优惠分享。如分享公众号内容可赠送优惠、送给家人礼物等，将这些分享内容只展现在社群中，意味着只有社群成员才有资格得到优惠，能够增加他们的忠诚度和活跃度。

8.1.5 如何引导粉丝参与和思考

成熟的品牌社群，应该有不同类型的成员：其中有社群的创建者、管理社群的管理者，更离不开社群活动和讨论的参与者。当粉丝能够真正在社群中参与和思考时，他们就会开始忘记营销者和消费者之间的界限，并借由社群将个人和品牌紧密相连。

通过引发粉丝的参与，产品能够得到更多的营销机会，粉丝连接到的相应资源，能给品牌带来常规手段中无法获得的机会。

某化妆品微商建立了“美人会”，并利用该社群开展各种线上分享和线下见面机会。在这些分享和见面中，微商又能够搜寻产品资源，让社群成员作为这些新产品资源的参与者和购买者。

某保健品微商通过邀请会员参观企业原材料产地，激发了他们在网上晒照片、晒游记的兴趣。许多老顾客纷纷将自己在绿色环保原材料种植区的照片发到微信朋友圈、微博上，引起了不小的关注。一家报社的记者通过微博找到了该微商，希望进行采访，带来了新的品牌宣传机会。

某瑜伽减肥会所举行了一次比赛活动，活动参与者都能得到介绍朋友入会会费九折的优惠，而其中获奖者则能得到更大优惠。比赛活动通过将视频和照片发到公众号上展示，并统计投票多少来划分名次，为了拿到优惠，社群成员们在微信中积极拉票，有效扩大了品牌知名度。

这些案例说明，当消费者看似以单个人的身份加入社群之时，微商却应该看到，如果用户真正被调动了积极性，全身心参与到社群活动中，那么他的背后意味着更多资源。

现实中有不少微商的社群看似很热闹，但每次活动结束之后，品牌却没有从中受益，用户也没有留下多少印象。之所以产生这种互动不力的情况，主要源于以下几个方面。

1. 种子用户质量不高

种子用户的质量是整个社群运营的关键，如果种子用户能够表现出很高的参与感，就能够为社群提供最初的价值观，成为社群规则的参考标杆。更重要的是，种子用户对品牌的忠诚度、投入感会影响此后加入的成员。因此，微商在引入种子成员时，一定要注意吸纳那些真正有共同兴趣的、有影响力的客户。

2. 普通用户无法参与

虽然社群中的核心成员很关键，但社群毕竟不是给商家和领袖直接表现的舞台，只有当每个成员都能在社群中找到参与机会时，社群和品牌所代表的价值才能够不断增加。因此，商家要避免在活动中忽视普通成员，要提供较为简单、轻松的活动内容，也要注意扶持那些影响力不够但表现出积极愿望的成员，这样，社群才能具有更大的吸引力。

在克服了上述问题之后，可以利用下面的方法引导成员积极参与社群。

第一，制定社群手册，让新成员迅速投入。商家可以制作线上社群活动手册，其中包括品牌背景、社群历史、活动内容、活动程序等。这样，新加入社群的成员就能得到充分指导、融入团队，减少因为不了解社群而产生的疏远感。

第二，活动前充分沟通。一个社群要保持运营效率，领导者和成员之间应该保持充分的沟通。社群不妨采取例行通知制度，在固定活动开展之前召开群内会议，或者通过发放材料等形式，确保成员了解活动的前期情况。

第三，活动中突出思考重点。一家餐饮店拟将用户社群化，于是在产品、包装、设计和营销活动的策略上，全部引入社群粉丝参与完成。例如，该店曾经将每款水杯的材质特点发到群里，并听取大家意见，即便原本一直“潜水”的成员也积极参加，最终确定了一款和星巴克同等材质的杯子。通过类似活动，社群粉丝对参与活动很有兴趣，而活动本身的推进，又形成了品牌内容。

在这个案例中，活动的重点就是建立商家产品的形象，由于内容有趣而且和用户紧密相关，因此参与者众多。当然，不同商家可以选择不同活动来激发用户参与感，原则是要重点突出、联系紧密。

第四，活动后增强信任。在活动之后，要及时进行总结。对那些表现积极的粉丝要进行感谢，对普通粉丝也要给出谢意，对于那些没有完全投入活动的粉丝，则要给出真正的期待态度。这样，粉丝会感受到本社群的宗旨在于互动和友情，而不是围绕利益，他们会在今后的活动中有所变化，直到心系产品和品牌。

8.2 社群文化的品牌化战略

品牌扩大离不开社群，同样，社群的战略性发展也离不开品牌化。社群文化的品牌化战略，必须建立在使用同一家微商产品的消费者所形成的一系列社会关系上。可以说，先有产品品牌化，才会有社群品牌化，但两者又往往是齐头并进、互相促进的。

想要让社群文化向品牌化发展，离不开以下前提条件：一方面，商家要有一定的品牌基础，如独特的品牌内涵、生动的品牌故事、清晰的品牌要素、持久的品牌粉丝群体等，能够让忠实消费者凝聚在一起；另一方面，已有社群成员有一定的参与动机，如娱乐、社交、成长、经济利益或者获取信息的动机等。

一家销售面膜为主的微商，品牌号召力和社群基础已经相当充分，于是随着社群壮大，商家开始在社群成员中寻找代理。一些老客户出于对产品的喜爱和信任，决定担任代理。

为了让社群文化可以直接“移植”到新的社群中，商家为每位新代理安排了一位建立社群的“助理”。这些“助理”都曾经担任过微信群或QQ群的管理员，有着丰富的经验，能够迅速带动一个群内的活跃气氛。另外，在成立新的粉丝群时，新代理会按照相同的流程进行活动，包括入会仪式、才艺展示、竞赛活动、节庆活动等，她们会邀请自己的朋友作为种子用户加入新群，从而确保每个新粉丝群都能有着较高的初始人气。

利用这些新成立的社群，该品牌不仅形成了有力的分销网络，达成了产品营销业绩的提高，还扩大了品牌的概念，在不同社群之间演化出相同的意识和责任感。

品牌和社群的结合，使得社群本身的品牌形象在用户心中成形。但只有在之后进行不断的分化、复制和强化、再强化，社群文化才能得以不断推广和彰显，并成为整个商家文化的代言者。

那么，社群如何形成一种文化？又如何实现品牌化战略下的推广呢？

8.2.1 将社群营销上升到社群文化

社群营销的前提是对社群目标人群的了解和组织，如用户画像、活动组织和参与等。但只有形成真正的社群文化，用户才能围绕品牌形成生态。

社群文化包括社群内每个人的身份体系、活跃态度、社群仪式等。这些因素能够让每个人了解自己在社群中的位置、在社群中做什么是有意义的、什么是道德的、什么是社群的理想等。当用户已经从对产品的简单关注，到接受这套复杂的文化，商家实际上就已经走到社群当中，和他们产生了友谊。

为此，商家不应该满足于利用社群盈利和推广，还需要不断从战略上打磨社群，以便让文化氛围附着在社群扩张过程上，让社群本身作为广告载体实现传播。

8.2.2 形成特有组织体系、平台

如果社群还是处于自治状态，就很容易在复制过程中遭遇失败，变成乌合之众。因此，商家在进行社群文化品牌化战略之前，应对社群的组织体系和平台进行设计引导。

简单的社群可以使用“部落模式”，即群主和骨干制度；学习型社群可以参照学校模式，设立组长、班级、年级，设计社群的组织结构、角色和互动规则等。当社群有了独特而具备实用价值的组织体系和结构之后，文化品牌会更容易形成。

8.2.3 形成强关系

社群想要成为一种品牌文化，还需要社群内部具有足够的强关系。正是在强关系下，用户才能自发组织成一个个小圈子，这种小圈子将是未来社群裂变、形成分销的基础。

首先，要设置群内的阶层结构。例如，根据购买数量、参加活动贡献等设置阶层，但阶层并不意味不平等，而是让成员有充分动力。

其次，要有门槛和分层机制。进入不同的小圈子，要具备一定的身份条件。这种条件能够让成员具有彼此之间的身份认同感，增强社群凝聚力。

最后，当强关系建立之后，社群会逐步自我运转，商家可以等各个小圈子成熟之后，再从其中挑选领导者，担任子社群的创始人。

8.2.4 以子社群推广子品牌

在同样的品牌文化覆盖下建立起子社群之后，商家可以考虑设计并推出子品牌，并针对子社群成员的特点进行营销。子品牌需要与主要品牌有相近的文化内涵，但在价值上又有所不同：子社群的用户相比主社群能更为精准地对应子品牌，从而保证产品价值被充分接受。

8.3 如何培植明星化粉丝用户

众所周知，很多企业喜欢寻找明星做代言人，推广和宣传产品。但在移动社交和移动社群盛行的今天，不少企业和微商创业者开始尝试让粉丝成为品牌的代言人。这样既降低成本，又提高了产品曝光率，增强了品牌与粉丝之间的互动。

与明星代言相比，用户更加相信粉丝认可的产品，因为这是他们亲身体验之后的评价，你把某个产品吹得天花乱坠都没用，只有当一个有影响力的粉丝站出来说“我用过，真的不错”，其销售效果甚至要好于明星代言。

对于草根创业者来说，选择粉丝作为代言人再合适不过了。一方面可以为自己做宣传，另一方面还能巩固与粉丝的关系。

周小姐开了一家甜品店，品种多，味道也不错，不论什么时间，店里几乎都座无虚席，加上有外送服务，甜品店营业额十分可观。

值得一提的是，很多粉丝争相为周小姐的店做“代言人”，自告奋勇为其宣传。

开店初期，周小姐为了提高甜品店的知名度，鼓励粉丝多转发她的微博和朋友圈，坚持转发的人，就能得到代金券。

这个活动吸引了不少粉丝参加，有了代金券，他们来店里消费的次数也更加频繁，有时会还会带朋友一起来，周小姐的店逐渐积累起人气。

后来，周小姐建了自己的粉丝群，定期在群里发布新品照片，粉丝可以在群里自由讨论，还经常组织线下活动。

2014 年，周小姐推出一个活动：根据粉丝在线时间、到店消费金额、推荐朋友入群人数等，对他们进行综合评定，得分最高的人，将成为甜品店下一季度的代言人，能够享受一系列优惠活动，若有新品发布，还有优先试吃机会。

这个消息一出，群里瞬间炸开了锅。周小姐的甜品店，也凭借这个活动，扩大了社群规模。一年后，她又加租了两间门店，因为每天的消费者实在太多了。

从上述例子，我们可以看出，让粉丝帮创业者宣传是最好的营销途径之一，粉丝之间的沟通更为便捷，也更容易建立起信任，社群越融洽，创业者越容易管理。那么具体来说，微商创业者要如何培植明星化粉丝用户呢？

8.3.1 让粉丝做“代言人”是一种 VIP 待遇

如果愿意让粉丝做企业的“代言人”，一定会得到大批响应，因为这本身就是一种鼓励，粉丝会将它看成 VIP 待遇，因此特别珍惜。

社群是一个由群管理者（一般是由魅力极强者担任）主导、为粉丝提供平台的网络社区，因此要多为他们提供机会，从粉丝中选择“代言人”，就是通过增加他们的曝光率，为产品做宣传。

8.3.2 社群活动

不少创业者苦于没有好的活动创意，实际上，让粉丝做代言人就是一个很不错的策划。在选择代言人之前，不妨先造势，目的在于吸引粉丝的注意，参与的人越多，活动就越成功。

既然是社群活动，对于如何成为代言人、成为代言人后能够获得哪些奖励、代言人多久更换一次等方面一定要事先计划好并如实告知粉丝们，以免产生不必要的误会。

通常来说，粉丝会为产品免费做宣传，这是社群经济中早已形成的默契，而让他们做“代言人”，则更拉近了双方之间的距离。

8.3.3 把机会留给“铁杆粉丝”

粉丝代言人人选方面，自然优先考虑产品或社群的铁杆粉丝，这是对他们长期支持你的回馈。只有这些距离社群核心部分最接近的人愿意将更多用户带到这个社群中来，“代言人效应”才能真正起作用。

值得注意的是，产品的铁杆粉丝众多，而代言人只有一位，这时候就需要通过有趣好玩的“竞选”活动，来选出最终的代言人。

在设计活动的时候，要充分考虑其观赏性和参与性，既要让更多人参与其中，同时也要让他们玩得开心，至于最后谁会成为代言人，就不那么重要了。

8.3.4 为“代言活动”造势

说到造势，很容易让人联想到商场门口组织的各种活动，这确实是不错的选择，但对于本身规模较小的微商团队来说，在网上进行造势同样有效果。

可以在微博上发起活动，征集一名外形清纯的姑娘为店铺做代言，邀请粉丝们将自己的照片公布在平台上，并发动大众投票，票数最多者获胜。

用代言活动吸引受众群体注意，就能发现更多潜在用户，因此，不能错过每一次组织活动的机会。

8.3.5 设计有效的奖励措施

虽然让粉丝做代言人本身是对粉丝的一种精神鼓励，但若能给予现实中的实惠，则更能调动粉丝的积极性、增加他们的归属感。

例如，每个参与活动的人，都能享受一次现金折让；最终成为代言人的粉丝，赠送价值 500 元的微商产品等。用少量的成本换取较大的关注度，对微商创业者来说是非常值得的。

8.3.6 邀请“微明星”代言

随着信息技术的发展，生活在身边的人有可能下一秒就成为某区域里的“微明星”，正因为消息传播速度越来越快，企业也可以邀请他们来做代言人。

有些人一开始并非是产品粉丝，不妨赠送一些产品让他们试用，并让他们在微博、微信、QQ 等平台上写出使用心得。其他人看到这些“微明星”

在使用，不免会心动，随着他们不断推送消息，之前还在犹豫的用户就会开始行动。

“微明星”本身就是依托粉丝成长起来的，他们在社群中更容易受到关注，若是让他们做代言人，往往会起到很不错的效果。加上“微明星”享受被曝光，他们也更容易成为社群中的“粉丝领袖”。

选择粉丝做代言人，是聚拢粉丝的一种有效方式。试想，原先只有明星才能做的事情，现在他们可以自己完成，既提高了社群的参与度，对社群维护也有非常积极的作用。

8.4 品牌产品发布会的档次感与个性化

2016年春节之后的第一个双休日，一家微商在杭州召开了新产品的发布会。这次发布会形式匠心独具：地点选在一所充满中国南方传统文化和节日气氛的园林宅邸中，而品牌和产品则用一出室内剧来展示。

其实，这次发布会所发布的是一系列女性服装产品，虽然是面向大众消费水平的，这家微商却做得新颖而别致，一切都让到场用户和互联网用户感觉十分新鲜：为了这些大众服装而兴师动众、大造声势，发布会却几乎没有发布会的味道，反而好像是在庆祝活动，就连地点和时间的安排也让人感到新鲜。

这样的发布会并不新鲜，但在人们已经看惯了各种文艺汇演、展示活动、文化交流等形式之后，如何打造出发布会的特点和个性，是微商社群活动中无法绕过的课题。

为什么要营造发布会的档次和个性?

首先，微商市场竞争越来越激烈，营销手法开始重复，尤其在产品的功能上出现同质化，很多品牌其实并没有足够的特色。这就更需要社群在平台营销上表现出不同，得到比其他产品更多的注意力。

其次，利用不同特点的发布会，还能够对产品品牌进行分化，让品牌下的子品牌拥有不同的魅力，吸引不同特征的用户。

最后，充满个性而不乏档次的发布会，本身也是一种良好的社交活动，能够为社群用户带来产品展示之外的体验与服务。

由于上述原因，从准备阶段开始，商家就不能将产品发布会看作一次简单的发布，而是要看作产品、商家、品牌三者和社群整体的互动。下面这三方面环节尤其值得注意。

8.4.1 明确主旨和特点

新产品发布会的主旨决定产品在社群成员眼中的第一印象，而特点则代表其形象的发展方向。只有先结合社群成员的喜好进行准确定位，发布会的主旨才能明确，后继的宣传对象、宣传渠道和宣传内容才能清晰。

8.4.2 内容策划应体现档次感

具体而言，一个成功的新品发布会，需要对以下方面内容进行定位和策划，如图 8-4 所示。

1. 邀请名单

邀请名单应分别包括老客户、新客户、各级别代理、媒体等。尤其要挑选那些对新产品营销具有充分影响力的人选。这样，发布会整体的气氛才能统一，便于营造档次感。

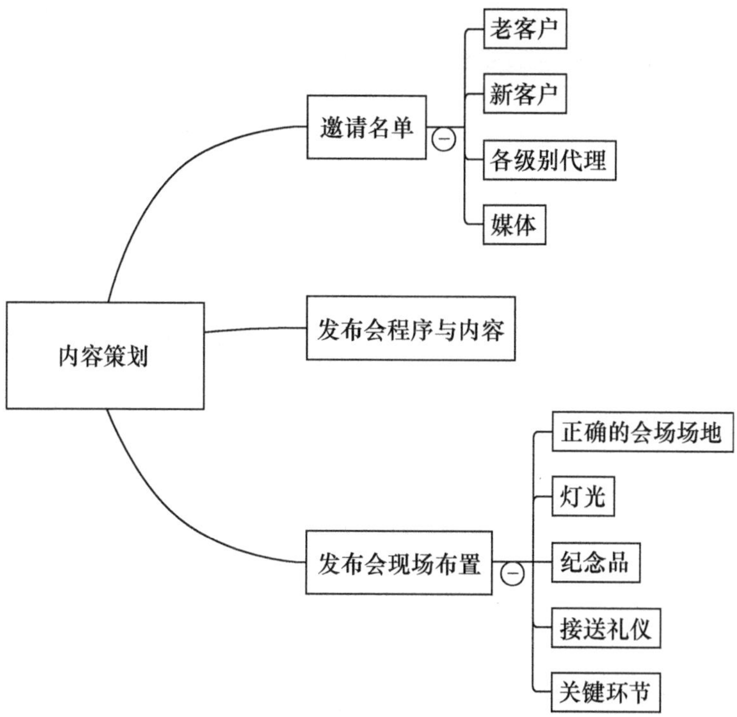

图 8-4　发布会的内容策划要素

2. 发布会程序与内容

应根据参会人员的特点来安排程序与内容。如年轻用户较多，则程序可以简单明快，介绍产品最吸引人的功能；如重点是向代理展示，则应该更侧重于详尽的优惠政策介绍等。

3. 发布会现场布置

现场布置最容易凸显档次和个性，但又最不容易抓住重点。除了选择正确的会场场地之外，还要以灯光、纪念品、接送礼仪、关键环节等为中心，力求能够打造出令人眼前一亮的布置方式。例如，某食品微商在端午展会上，用大红纸包裹新品米酒出场，既符合节日气氛，又突出了产品的民俗意味，顿时展现出档次感和内涵。

8.4.3 现场展现产品功能亮点

在新品发布会上，现场展现产品功能亮点，是最容易表现出产品档次和个性的环节。

商家应该找出产品功能中具有颠覆性的部分，结合用户体验，设计出合理而突出的互动部分，并结合现场气氛进行展示。此外，还应邀请专业人员指导，使主持人的语速、语音、态度与现场的灯光、音乐等做到全面配合，将全场注意力集中到消费体验上，保证产品给人留下深刻印象。

8.5 先做微商社群忠诚度，再做品牌知名度

在移动互联网诞生早期，就有人提出这样的观点：自媒体和社群如同两个轮毂，必定成为未来商业创业公司的标准配置，才能抓住用户的价值，带动整个商业模式不断矫正方向，实现品牌的战略目标。在微商行业发展数年，方兴未艾之时，自媒体和社群的重要性依然在不断强化，而创业者更需明白：只有利用自媒体的效能，提高社群忠诚度，才能提高品牌的知名度。

8.5.1 社群忠诚度面对两大挑战

谈到忠诚度，每个经营过社群的微商几乎都有这种相似的失败经历：社群成员数量下降、发言减少、产品信息被忽略、难以吸引新成员等。归根结底，在虚拟的互联网社群下，用户们想走就走、想留就留，他们可以对产品功能有所依赖，但却并不需要长久留在社群中互动。面对现实的人性，忠诚度应该怎样提高？

社群忠诚度主要面对以下几方面的挑战。

1. 心智模式

移动互联网固然可以让用户同时关注几件事情，但却不可能让他们的身心状态、心智模式真正碎片化。吸引眼球只能带来一时的关注，而消费者心智却是宝贵和稀缺的，一个社群想要全面占据用户的心智并不简单。

2. 时间成本

按照正常人的生活状态，在线下依附的社群主要在家庭和工作单位中，这两大部分将占据其时间成本的 2/3 左右，而剩下的 1/3 时间也会消耗在其中转换的部分。真正留给微商社群的时间成本，无法抵挡现实追求。

因此，想要让用户忠诚于社群，必须要促使他们有足够的动力，战胜上述现实困难。

一家母婴用品微商，在 QQ 社群建立之后要求每个妈妈将其丈夫的 QQ 号也作为资料进行登记。随后，社群主动邀请这些爸爸们进入，并发放了奖励红包。在后期进行的一系列授课、比赛、展示和分享活动中，社群总是以家庭为单位进行，每个家庭都有机会获得奖励。对此，家庭中的爸爸们十分感兴趣，他们中有些人甚至表现得比妈妈们更有动力，因为他们其实很喜欢在朋友圈晒娃。

另一家以年轻白领为客户的快餐微商，经常举办看起来和产品完全无关的男女联谊活动。该微商团队以社群为形式，组织线下的游泳、野餐、旅游、羽毛球、演唱会等活动，并能利用参与人数的规模优势，拿到最优惠的票价。从开展类似活动之后的一年多，在社群中诞生了好几对伉俪，许多成员表示，如果周末这家微商不组织什么活动，总觉得生活缺少了一份调剂。

8.5.2 构建社群忠诚度的 3 个策略

事实上，对社群的忠诚感不会无缘无故地产生，必须依赖于社群采取的以下 3 种手段。

1. 构建时间链条

社群想要让成员有长久的忠诚，就要让社群活动和成员家庭、单位的利益正相关，避免让社群活动成为用户不必要的时间支出原因，而要让时间相互补充。可以将社群散发给成员的能量进一步扩散到其家庭和所在单位，这样，社群对成员的意义就会增大。同样的，成员家庭和所在单位的能量也能提升成员的忠诚度，并让社群的品牌力有所增强。

2. 用社群制造快乐

社群的忠诚度还来自成员感受到的快乐，而这种快乐往往和产品价值并没有什么直接关系。例如，社群可以根据用户年龄、身份、收入的特点，组织游戏、聚会或文体娱乐活动，这些活动将能够让成员感受到平常家庭和工作生活中所无法得到的乐趣。为了追寻这样的乐趣，他们必然要追随社群发展，并由此形成价值观上的吸引感。

3. 强化痛苦感

一个被经常忽略的事实是，社群忠诚度高低还和成员想要逃避的痛苦有密切关系。虽然当代社会中，生存的痛苦几乎不复存在，但精神上的痛苦却如影随形。社群需要为成员制造痛苦感，例如，向他们展示缺少某种特定价值观的生存方式、没有某种产品的窘境等，从而让他们感受到社群和自我之间存在的联系是重要的。

智慧的微商会把自己所经营的社群变成成员无法离开的群体。这样，粉丝们就会集中为社群供给能量，并由对社群的持续忠诚，上升到对品牌的长久拥护。